지금은 대체 어떤 세계인가

주디스 버틀러

what world is this?

지금은 대체
어떤 세계인가

주디스 버틀러 지음
김응산 옮김

Judith Butler

창비
Changbi Publishers

차례

일러두기

1. 외국의 인명과 지명 표기는 국립국어원 외래어표기법을 따랐다.
2. 본문의 각주는 모두 옮긴이의 것이며, 미주는 지은이의 것이다.

감사의 말

2020년 늦가을 일련의 초청 강연을 통해 이 원고를 발표할 수 있게 해준 데 대해 카탈루냐 히로나 대학의 페라테르 모라 현대사상 강좌 소장인 호안 베르헤스 히프라에게 감사한다. 이 책에 대해 비판적이고도 창의적인 조언을 아끼지 않은 베고냐 사에스 타야푸에르세, 피나 비룰레스, 드니스 라일리, 그리고 하워드 케이글에게 특히 감사한다. 또한 매우 유용한 논평을 해준 재럿 지건과 제이슨 스룹, 그리고 '현상학 팀'에게도 감사하며, 팬데믹 초기 단계에서 이 책에서 다루고 있는 내용들을 온라인상의 청중들과 함께 고민해볼 기회를 제공한 유럽대학원(European Graduate School)에도 감사의 말을 전한다. 또 컬럼비아 대학 출판사의 직원 여러분들, 특히 웬디 로크너에게 감사하며, 본서의 출간을 위해 헌신해준 와일리 에이전시에도 감사의 말을 전하고 싶다.

서문

만일 지금이 이 세상의 마지막 밤이라면 어떡하나?

―― 존 던(*John Donne*)

우리가 최근 어디에 살고 있는지에 상관없이 우리 모두는 현재 신종 코로나바이러스 팬데믹이 만들어낸 새로운 환경 속에 살고 있다.[*] 이 말이 팬데믹이 우리 모두가 그 영향하에서 살아가게 하는 단일한 환경을 만들어냈다는 뜻은 아니다. 왜냐하면 팬데믹은 이미 널리 존재하고 있던 사회적, 생태적 환경들에서 유리될 수 없기 때문이다. 그러나 이제 팬데믹은 이미 널리 존재하고 있던 환경들을 새로운 방식으로 재구성하고 있다. 예를 들어 최근의 우크라이나 침공도 마찬가지인데, 피난처에, 수송차 안에, 국경에 군집해 있는 신체들을 떠올려보라.

---

[*] 이 책에서 'COVID-19(코로나바이러스감염증-19)'는 '신종 코로나바이러스'로 통일하여 번역하기로 한다.

비자발적으로 타인과 근접해 있어야 하는 상황은 팬데믹이 완전히 사라진다면 의심할 여지 없이 달리 보일 것이다. 다른 기존 환경들로는 환경 파괴, 빈곤, 인종차별, 전지구적 불평등, 그리고 여성과 LGBTQI*에 대한 폭력을 비롯한 사회적 폭력이 있다.* 오늘날 지속되는 팬데믹의 시대에 우리 중 일부는 분명 갑작스러운 상실을 경험해야만 했고, 또다른 이들은 아마도 세상 저편의 좀더 안전한 곳에서 그런 죽음들을 목격하고 있을 테지만, 결국 우리 모두는 일상이 되어버린 질병과 죽음과 관계하며 살아오고 있다. 죽음과 질병은 도처에 존재한다는 의미의 영어 표현인 'in the air'의 말뜻 그대로 '공기 중에' 존재하고 있다. 우리가 이 팬데믹을 각기 얼마나 다르게 인식하느냐에 상관없이 (그러나 팬데믹을 **인식한다**는 것이 무엇을 의미하는지는 감각의 현상학에 대해 내가 말하고자 하는 바에 중요한 논점이 될 것이다) 우리는 그것을 분명 세계적인 현상으로 이해하고 있으며, 팬데믹은 우리 각자를 상호 연결된 세계에, 서로에게 영향을 주고 서로에게 영향을 받을 수 있는 자신

---

* LGBTQI*는 레즈비언(lesbian), 게이(gay), 양성애자(bisexual), 트랜스(trans), 정체성이 모호하거나 미결정된 이들(questioning)과 퀴어(queer), 인터섹슈얼 (intersexual) 등 기존의 이성애자 남성, 여성이 아닌 다양한 젠더 표현과 섹슈얼리티를 지칭하는 약어로서 영문 약어 뒤에 *대신 +가 붙기도 하며, 무성애자 (asexual)를 포함하여 LGBTQIA*로 표기하기도 한다.

들의 능력이 삶과 죽음의 문제로 화할 수 있는 생명체들의 세계에 연루시키고 있다. 내가 지금 이 같은 세계가 우리가 공유하고 있는 **공동의 세계**(common world)라고 말하고자 하는 것인지는 나 스스로도 확실하지 않은데, 이는 우리가 어떤 공동의 세계에 거주하길 바라는 만큼이나 현재 그런 세계에 거주하고 있는 것 같지 않기 때문이다. 공동(共同, the common)은 우리가 아직 달성하지 못한 것이다. 세계 주요 자원들의 상당수는 공정하게 분배되어 있지 않으며, 그리하여 그 세계의 그저 작은 몫만을, 혹은 그 세계의 이미 사라진 부분만을 가질 수밖에 없는 이들이 존재하기 때문에, 중첩되어 있는 수많은 세계들이 동시에 존재한다고 말하는 것이 더 적절할 듯하다. 그러한 불평등을 인식하지 않고는, 그리고 최근의 경우에서 보다시피 그러한 불평등이 심화되고 있음을 인지하지 않고서는 팬데믹을 세계적 현상으로서 제대로 인식할 수 없다. 종종 우리는 부와 보호수단을 가진 이들이 그렇지 않은 이들과 다른 세계에 살고 있다고 말한다. 비유적인 말이기는 하지만, 이 말이 또한 현실을 일러주는 것은 아닐까? 만일 그러한 불평등을 포괄하는 단일한 세계만이 존재한다면 우리가 그런 식으로 말해도 아마 진지하게 여겨지지 않을 것이다. 그러나 만일 어떤 세계들은 그 단일한 세계의 온전한 일부가 아니라는 것이 기술(記

述)적으로 맞는 말이라면, 혹은 그 공동(共同), 혹은 공동들 외부에 존속하고 있는 삶의 지대들이 존재한다는 것이 사실이라면 어떠한가?[1]

공동의 주변 지대에 살고 있는 이들은 종종 그 공동의 세계를 위해 일을 하고 있으며 따라서 노동을 통해 공동의 세계와 연결되어 있다. 하지만 여기서 '공동의'라는 말이 소속의 한 양태를 의미한다면 바로 그와 같은 이유로 그들은 공동의 일부가 아니다. 대체 가능한 노동을 구성하고 있거나 자본주의적 기준에 의해 인정되는 생산성의 영역 외부에 살고 있는 이들은 아마도 쓰레기, 즉 공동 세계의 폐기물로서 여겨지거나 범죄의 영역으로, 흑인 혹은 유색인종의 삶으로, 때로는 빚에 허덕이는, 아니, 채무자의 삶에 전적으로 스며들어 그들보다 더 오래 살아남는, 사실은 영원히 갚을 수 없는 빚을 떠안고 살고 있는 삶으로 여겨진다. 따라서 우리는 공동이 아닌 세계들, 혹은 프레드 모튼(Fred Moten)과 스테파노 하니(Stefano Harney)가 주장한 "지하공동체"(地下共同体, undercommons)에 속하는 서로 인접하고 중첩된 세계들에 대해 사유할 필요가 있을 것이다. 지하공동체는 경시와 범죄의 지대이지만 충분한 재정적 지원 없이 피난처가 만들어지고, 공동체와 예술에 대한 실험이 시행되며, 긍정의 행동들이 이루어지는 지대이기도 하다.[2] 이러한 모든 점을 고려할 때 만약 우리가 여전히 공유의, 혹은 공동의 세계에 대해서 말하고자 한다면 우리는 아마도 자크 랑시에르(Jacques Rancière)의 표현대로 "몫 없는 자들의 몫", 즉 공동에 참여할 수 없고, 참여가 결코 가능하지 않았거나 혹은 더는 가능하지 않은 이들에 대해서 말하는 것일지도 모른다.[3] 만일 우리가 세계의 지분에 대해서 말하고자 한다면, 어떤 재정적 지분이 아니라 그것이 바로 이 세계인 공동의 지분의 일부에 대해서 말하고자 한다면, 우리는 세계의 지분을 공평하게 나눌 수 있는 공정한 수단은 결코 없음을 인정해야만 할 것이다. 지분이란 경제적 척도로 측정될 수 없는 그리고 그러한 경제적 척도를 넘어서는 수단을 요구하는 참여와 소속의 한 형식일 것이다. 왜냐하면 우리는 지금 주식의 지분을 소유할 수 있는 자원이나 회사에 대해 말하는 것이 아니라 어떤 공동의 세계, 공동이라는 감각, 어떤 세계에 소속되어 있다는 감각, 혹은 어떤 소속의 장으로서의 세계 그 자체에 대한 감각에 대해 말하고 있기 때문이다. 내 생각에 그러한 감각은 기존의 사회적 좌표들과 범주들 내에서의 인정 투쟁과 동일하지는 않지만, 그럼에도 가치에 대한 이해를 근본적으로 변환해내기도 한다. 세계에 대해 그런 감각을 견지하고 사는 것은 우리의 삶이 가치가 있다는 것, 즉 시장가치 이상의 가치가 있다는 생각, 세계는 우리가 잘살게 하도록 구성될 것이라는 생각, 그리고 이와 같은 일들이 우리에게뿐만 아니라 모든 다른 이들에게도 일어나거나 혹은 일어날 것이라는 생각을 견지한 채로 삶을 살아가는 방식이다.

물론 현재 우리는 공동의 세계라는 이념과는 매우 거리가 멀다. 팬데믹 시대에 이뤄지는 백신의 분배는 인종 불평등을 조명하고 또 심화하고 있다. 팬데믹이 초래한 고통 중 상당 부분은 예속되고 식민지화된 세계의 일부들과 유색인종 공동체에 집중되어 있다. 미국의 경우 흑인과 기타 유색인종들은 바이러스에 감염될 가능성이 백인보다 세배 더 높고 사망할 가능성은 두배 더 높다.[4] 통계가 그 이유를 설명해줄 수는 없지만, 우리는 흑인의 생명 상실이 (종종 그저 '인간 생명'으로 표현되곤 하는) 백인의 생명 상실만큼 우려스럽거나 애도할 만하지 않다는 것이 소위 공동의 세계 안에서 그간 받아들여져 왔다는 사실을 한 이유로 추정할 수는 있다. 이러한 통계상의 불평등을 대면하며 우리는 이렇게 자문할 수 있을 것이다. **저런 통계들이 나타나는 세계란 대체 어떤 세계란 말인가?** 이 말에는 여러 가지 질문이 담겨 있다. **저런 통계들은 어떤 현실을 반영하는가**라는 질문일 수도 있고, 혹은 **저런 통계들에 의해 어떤 세계가 변별되는가**라는 질문일 수도 있다. 팬데믹 상황하에서 사회적, 경제적 불평등이 보다 온전하게 경감되더라도, 그리고 방치, 탈주, 실험적인 삶으로 구성된 지하공동체들이 증가하고 그 취약성이 드러나더라도, 전지구적인 방향으로 향하는 움직임 또한 존재한다. 즉, 누가 일찍 죽는가, 누구의 죽음이 예방 가능한가, 누구의 죽음이 중요한가와 같은 정치적인 의미와 결부된, 죽음에 대한 새롭고도 보다 예리한 감각에 기반한 움직임 말이다. 대체 어떤 살아 있는 존재들에게 보호수단이 존재하지 않고, 지속할 수 있는 기반시설이나 사회적 전망도 없으며, 살아가는 데 필요한 지원을 제대로 받으며 살고 있다는 감각도 없는 것일까? 게다가 지금 우리는 백신의 전세계적 분배의 문제, 즉 백신 비용을 지불할 수 없는 나라들은 아직 백신 한 병 구경해보지 못했다는 암울한 현실을 목도하고 있다.[5] 오늘날 공통의 면역학적 위기는 세계에 대한 전지구적인 이해(세계에 대한 전지구적인 이해라는 것이 전지구적인 것에 대한 상이한 이해들을 통해 현상학적으로 인식된다고 가정해보자)에 다가가는 것을 촉진하고 있다. 우리가 어느 정도는 작동하고 있는 사회라는 개념 안에 '배치되어' 있다고 한다면, 우리가 어디에 살고 있고 어떻게 사회적으로 배치되어 있는지에 따라 제각기 세계에 대해 매우 다르게 감각하고 있음에도 그러하다.

팬데믹은 어원적으로 그리스어 '판-데모스'(pan-demos)

에서 유래했는데 이 말은 모든 인민들, 보다 정확하게 옮기자면 도처의 인민들 혹은 인민을 넘어서 그리고 인민을 통해 교차되거나 퍼지는 무엇을 의미한다. 이 말은 곧 인민을 침투 가능하고 상호 연결된 존재로 설정하는 것이다. 따라서 '데모스'(demos)는 특정 국가의 시민들이 아니라 그들을 분리시키고자 하는 법적 경계 혹은 국적에 상관없이 모든 인민들을 의미한다. 팬데믹은 세계 인구 모두를 관통하며 작동하고 있지만 또한 생명체로서 쉽게 바이러스에 감염될 수밖에 없는 인민들을 괴롭히고 있다. 여기서 '세계'가 함의하는 것은 모든 곳, 즉 '팬'(pan, 汎)이자, 감염과 회복을 통해, 면역, 차별화된 위험성, 발병 및 치명성에 의해 한데 엮인 세계인 것이다. 인간이 이동하는 한 바이러스가 이동하는 것을 막을 국경은 없으며, 그 어떤 사회적 범주도 완전한 면역을 확보할 수 없다. 우리가 브라질의 자이르 보우소나루(Jair Bolsonaro) 대통령의 예에서 보았고, 바이든 직전의 미국 대통령의 경우에서 끔찍한 실례를 보았듯이, 권력은 마치 어떤 이들은 그들의 사회적 권력 덕분에 면역을 갖고 있다는 듯이 행동한다. 그런 뻔뻔한 허위는 질병 예방책을 내팽개쳐버리기 때문에 감염에 대한 취약성을 더욱 증대시킨다. 우리가 델타·오미크론 변이 급증의 사례 때 보았듯이 '백신반대론자들'(anti-vaxxers)의 저항은 결국 그들이 더 쉽게 바이러스에 감염되도록 하며, 입원과 사망 위험을 증대시키고 있다. 마치 팬데믹이 그 단어를 이루고 있는 부분인 '팬'을 집요하게 주장하면서 우리의 주의를 세계로 끌고, 아울러 세계는 불평등하게 드러난 서로 다른 지대들로 나뉘고 있는 것만 같다. 따라서 우리가 세계를 어떤 단일한 지평으로서 말하는 경향이 있더라도, 혹은 심지어 **세계**라는 단어가 그것을 경험할 수 있는 지평을 만들어낼 것이라고 기대할지라도, 우리는 또한 복수 형태의 **세계들**에 대해서 말하며 단절, 장벽들, 그리고 불평등을 강조하고 있고, 아울러 세계를 있는 그대로 묘사하기 위해서는 그래야만 한다고 느낀다. 이상하게도 **바이러스의 세계들**과 같은 말이 일반적으로는 익숙하지 않지만, 일시적으로는 분명 들을 수 있다. 만일 우리가 그러한 말을 듣는다면, 다양한 세계의 지평들이 작동하고 있다는 뜻일 것이다. 이는 한스게오르크 가다머(Hans-Georg Gadamer)가 예상했던 대로 항상 융합되지는 않는 지평들이며, 말하자면 동시에 일어나지 않는 지평들, 세계의 한계들일 것인데 이것들은 겹치고 분기하지만 완전히 수렴되지는 않는 상이한 시간성들을 통해 구성된다.[6]

어떤 이들은 이러한 세계라는 관념을 흔들어댈 필요가 있고 확실하게 덜 인류 중심적인 개념인 행성으로 관심을 돌릴 필요가 있다고 생각했다. 행성이라는 개념은 언제나 지정학적일 수밖에 없는 지리적 지도들에 대해 비판적 관점을 제공해줄 수 있는데, 이 지도들의 경계선들은 정복자들의 노획물과 다름없으며 국경들은 대개 전쟁이나 식민화를 통해 만들어졌다. 아실 음벰베(Achille Mbembe)는 다음과 같이 주장한다. "우리 시대의 정치적인 것은 공통의 세계를 재구축해야 한다는 책무에서부터 시작해야만 할 것이다."[7] 음벰베는 만일 우리가 기업의 이익, 사유화, 식민화 자체의 목적으로 지구의 자원을 약탈하는 것을 행성 차원의 기획 혹은 사업으로 여긴다면, 진정한 저항, 즉 우리를 우리의 자아로, 우리의 경계들과 정체성들로 다시 돌려보내지 않는 저항이 가능하다고 주장한다. 또한 이 저항은 "세계의 그리고 세계에 대한 근본적 개방성, 고립에 반대되는 세계를 위한 **어떤 심호흡**이라고 할 수 있는바 그 자체로 행성적 기획인 탈식민화"의 한 형태가 될 것이라고 주장한다.[8] 자원의 무제한적인 채굴과 구조적 인종차별에 대한 행성적 저항은 우리를 다시 세계로 인도할 것이다. 달리 말해, 마치 처음인 것처럼 '심호흡'할 수 있는 방식으로 세계가 우리에게 도래할 것이다. 숨 쉬는 것을 어떻게 바라는지를 이미 잊어버리지 않았다면, 팬데믹의 시대인 오늘날 우리 모두가 알고 있는, 맘껏 깊이 숨을 쉬고 싶다는 열망 말이다.

물론 세계에 대한 이런 질문에 접근하는 데는 이제는 복잡해진 '세계 문학' 논쟁을 포함해 많은 방법이 있다.[9] 세계 문학 논의를 보면 마치 세계가 유럽이나 앵글로 아메리카적 맥락을 제외한 다른 모든 장소를 지칭하는 양 '유럽' 문학과 '세계' 문학과 같이 구분하는 방식을 발견하기도 한다. 이를 바꿔 말하자면, 세계의 중심은 어떤 장소로서의 이름을 갖게 되지만 다른 문학의 장소들은 어떤 다른 곳이며, 따라서, 세계라는 것이다. 세계는 광대한 범위이자 고유명도 없이, 권력의 중심부들과의 관계에 있어 다른 곳으로서 존재하는 것이다. 반면, 1987년에 "세계-여행하기"에 대해 썼던 탈식민주의 페미니스트 마리아 루고네스(María Lugones)의 중요한 논문은 타자에 대해 보다 애정 어린 인식을 할 수 있는 변화를 체험할 수 있도록 자신의 세계에서 다른 이의 세계로 이동하는 것에 대한 반제국주의적인 해석을 보여준다.[10] 루고네스의 논문은 이제 출간된 지 30년도 더 되었지만, 그럼에도 다른 세계, 다른 언어, 혹은 다른 인식의 장을 접하는 데 있어서 방향 상실의 위험을 강조하면서 그처럼 분리된 세계들을 보여주는 동시에 세계의 독자들에게 지속적으로 다가가고 있다. 루고네스는 다른 세계에 다가가고 그것을 파악하기 위해 우리가 알고 있던 세계의 좌표들을 기꺼이 유예하거나 버리는 과정에서, 우리의 인식의 장, 즉 세계의 한계와 구조에 대한 우리 자신의 감각이 전도되고 재설정되도록 하는 것이 중요함을 강조하고 있다.

팬데믹은 바로 이러한 세계와 세계들 간의 진동을 초래했다. 어떤 이들은 팬데믹이 이미 이 세계에서 잘못되어 있던 것들을 더 악화시켰다고 주장하는 반면, 다른 이들은 팬데믹이 새로운 의미의 전지구적 상호 연결과 상호의존을 열어젖혔다고 말한다. 두 주장 모두 동시대에 계속되고 있는 방향 상실의 와중에 등장했다. 팬데믹은 유행과 폭증을 통해 퍼지고 있는데, 유행과 폭증은 현상학적으로 희망과 절망과 관련되어 있다. 팬데믹이 세계의 인민들에 인식되는 양상의 위치성의 차이와 차별성에도 불구하고 그것은 전세계에 걸쳐 뻗어가는, 그리고 현 세계의 조건으로 여겨지면서 매우 특정한 방식으로 세계를 나타내는 (혹은 세계를 내세우는) 현상이자 힘, 위기로 이해되고 있다. 달리 말하자면, 어디에 존재하건 간에 상관없이 그 누구도 세계에 대해서 생각하지 않을 수 없는 것이다. 비록 (도널드 트럼프Donald Trump 치하의 미국처럼) 몇몇 국가들은 바이러스와 그 영향을 이해하기 위해 극단적 민족주의 체제로 회귀하거나 심지어 백신을 독점하기 위해 다른 국가들과 경쟁하기도 했지만 그럼에도 불구하고 그들의 노력은 어떤 면에서는 상호 연결된 세계를 보여주고 있다. 또한 몇몇 지역이 우연히 신종 코로나바이러스가 불러일으킨 최악의 파괴 상황에서 벗어났거나 혹은 계획적인 사회 운영을 통해 그 영향을 억제했다고 할지라도 이론적으로 볼 때 이 세상 그 어떤 지역도 면역성을 달성한 곳은 없다. 어떤 지역도, 경계 너머의 그 어떤 존재도, 아니, 그 어떤 독립된 신체도 결코 사전에 면역을 갖출 수 없다.[11] 왜냐하면 팬데믹이란 결국 면역학적인 측면에서 인간이 세계와 관계 맺는 과정에서 일어나는 인간의 삶의 일부이며, 현재 그리고 아마도 언제 끝날지 모르는 기간 동안 이 세계의 일부분이게 될 전지구적인 유병 가능성, 잠재적인 고통과 다름없기 때문이다. 그리고 바이러스가 풍토병이 되면 그것은 이 세계의 항구적인 일부가 될 것이다. 흥미로운 점은 우리에게 그것을 지칭하는 명사가 없다는 것이다. "풍토병이 이 세상에 현재 창궐하고 있다"는 말은 틀렸다. 팬데믹은 현재 창궐할 수 있지만, 풍토병으로 여겨지는 질병은 모든 창궐했던 것들이 끝났을 때 이 세계 자체를 이루는 구조의 일부이자 세계가 이미 경험한 것이자 세계를 감각하는 새로운 요소가 되기 때문이다. 그것은 명사에서 형용사로 이동하고, 세계의 일시적 상태에서 영속적인 특성으로 이동한다. 그러나 이 팬데믹이 사라진다고 한들 면역학적 취약성은 분명 사라지지 않을 것이다. 따라서 바이러스가 노출하는 우리의 취약성 때문에 우리가 바이러스를 혐오하듯이, 바로 그러한 이유로 바이러스의 부재가 취약성을 사라지게 할 것이라고 성급하게 결론 내리면 안된다. 면역학적으로 볼 때, 바이러스가 전면화(前面化)하는 취약성은 외재적 요소들(exogenous)이 언제나 모든 유기체들의 일부라는 사실에서 온 기능이라 할 수 있다. 인간을 포함한 동물들은 살기 위해 외부 세계의 요소들을 섭취하고 흡수하며 들이쉰다. 이렇듯 인간의 신체는 결코 외부의 것들로부터 차단된 채 살아갈 수 없다. 인간의 생명은 곧 외부와의 상호작용 속에서 가능한 것이다. 토마 프라되(Thomas Pradeu)와 같은 상호구성주의자(co-constructionist)들에 의해 표명된 이러한 입장은 우리가 위험에 대해 어떻게 생각하는지를 함의하고 있다.[12] 바이러스의 문제는 그것이 **외래의** 것이라는 점이 아니라 **새로운** 것이라는 점이며, 그렇기 때문에 백신 혹은 항체(그리고 T 세포)의 도움 없이는 우리의 면역체계가, 아니 면역체계 대부분이 바이러스를 인식하고 이겨낼 수단을 가질 수 없다. 상호구성주의자들의 논지는 유기체는 그것이 역으로 주위 환경을 구성할 때조차도 환경에 의해 구성된다는 것이다. (앤 포스토스털링Anne Fausto-Sterling의 저작에서도 이러한 이론의 한 버전을 볼 수 있는데, 그의 이론은 섹스와 젠더의 구분에 대한 함의를 자연과 문화의 구분으로 재설정하고 있다.[13]) 상호구성주의자들의 목표는 자아에 속하는 것과 그렇지 않은 것을 구분하는 것이 아니라 어떻게 외부 세계가 신체의 일부분이고 일부분이어야만 하는지에 대해 이해하는 것이다. 그러므로 팬데믹이 양산한 면역학적 문제는 전례 없이 새로운 것에 대한 준비가 되어 있지 않았기 때문이라 할 수 있다. 물론, 만일 사스(SARS)바이러스가 초래한 다른 풍토병들과의 유사성이 없었다면 아데노바이러스 백신은 처음부터 쓸모없는 것으로 공표되었을 것이다. 그리고 바이러스의 형상과 표면 돌기를 모방하여 자기복제를 함으로써 새로운 객체 형상을 면역체계에 만들어내는 메신저 리보핵산(mRNA) 백신들은 바이러스를 인식하고 반응하고 이겨낼 수 있는 면역학적 능력을 발현시키는 데 매우 중요한 역할을 하고 있다. 두 종류의 백신 모두 비슷한 구조를 인식하고 그에 반응하는 능력에 의존한다. 이런 점에서 유사성과 모방은 면역체계를 강화하는 데 결정적이다. 그러나 동시에 면역체계는 외부에서 유래한 것뿐만 아니라 유기체 자체에서 유래한 것에 의해 공격받기도 하는데, 이것이 바로 종종 유기체가 스스로에 대해 벌이는 자가면역 공격이 새로운 형태의 바이러스 감염의 결과로 나타나는 염증반응인 이유다. 내가 이 문제를 강조하는 이유는 팬데믹의 초기에 미디어 보도가 바이러스를 어떤 장소, 중국·브라질·남아프리카 같은 '외국'으로부터 오고 있는 것으로, 그리고 적절한 이민 서류 없이 정치적 통일체로 유입된 반갑지 않은 이주자들로 묘사했기 때문이다. 예를 들어 당시 미국 국민국가의 '공중보건'이 외래에서 온 것에 의해 위태로워졌다고 이야기되기도 했다. 그것은 누구나 의존할 수 있는 면역학적 모델이 아니라 민족주의 상상계 속에서 유추하는 이주에 더 가까웠다. 내가 이 문제를 강조하는 이유는, 잘 알다시피, 유기체는 외래 물질을 섭취하거나 받아들이지 않고는 생존할 수 없기 때문이다. 그렇다면 우리는 유기체가 다른 어떤 외래 요소보다도 자가면역적 상태에 의해 더 심각한 위험에 처할 수 있다고 결론짓고 싶을 수도 있다. 그러나 우리가 외래 요소를 살아 있는 유기체의 핵심에 자리매김하고 신체와 세계 간의 상호작용을 신체의 생명 활동 자체로서 우선시하는 상호구성주의 모델을 받아들인다면, 문제는 우리를 외래의 것으로부터 보호하는 것(이는 오히려 치명적일 것이다)이 아니게 된다. 오히려 목적은 신체가 쇠약과 죽음의 위험 없이 새로운 것과 함께 살아가고 그것을 수용할 수 있도록, 외부 세계와의 상호작용을 받아들이는 것일 터이다.[14] 세계는 그저 인간 행위의 배경으로서 혹은 인간의 개입이 이뤄지는 장으로서 거기 있는 것이 아니다. 신체와 세계와의 불가결한 관계를 예증하면서 매일매일 세계의 조각조각들이 신체 안으로 융합되고 있다. 이러한 사실은 해로운 공기가 폐에 영향을 끼치고 그 기능을 훼손할 때, 식수에 함유된 납이 우리 뼈의 일부가 될 때, 환경 독소가 신체의 세포들과 인대들 속으로 침투하여 그것들을 위험에 빠뜨릴 때 파괴적인 영향을 미칠 수 있다. 여기서 논점은 외부 환경을 부정하자는 것이 아니다. 애초에 그것은 불가능한 일이다. 논점은 유독한 대기와 수질을 깨끗이 하여 생명체들이 치명적인 결과에 대한 공포 없이 그것들에 의존할 수 있도록 하는 것이다.

*

여러분들이 나를 루크레티우스적(Lucretian)이라고 불러야겠다면 그렇게 하라.* 그러나 우리가 내쉬는 공기를 서로에게 전해주고 있다는 사실을, 우리가 이 세계의 지표를 공유하고 있다는 사실을, 그리고 우리가 접촉당하지 않고서는 서로를 접촉할 수 없다는 사실을 인정하지 않는다면 우리는 모두가 공유하고 있는 취약성과 상호의존성을 이해할 수 없을 것이다.

---

* 루크레티우스(Titus Lucretius Carus)는 원자론을 신봉한 로마제국의 시인이자 철학자로 모든 것은 원자로 이루어져 있으며 인간의 정신까지도 인간의 신체를 구성하는 한 원자라고 주장했다.

예를 들어 바이러스에 전염되어 있는 상태와 타인에게 바이러스를 옮기는 것이 서로 연결되어 있음을 잊을 때 우리는 그와 같은 중첩성과 상호성을 잊어버리게 된다. 내게 일어나는 일은 적어도 잠재적으로는 다른 이에게도 일어나는 일이다. 이처럼 우리 사이의 연결 관계는 치명적일 수도 있지만 또한 분명 생명을 지탱해주는 것일 수도 있다. 팬데믹은 우리를 관계적이고 상호적인 존재로 만들고 자아논리적이고 자기중심적인 윤리의 기반을 거부하면서, 경계지어진 온전한 자아라는 우리의 일반적 감각을 전도시킨다.

앞서 내가 언급했던 일상적인 말, 즉, 오늘날 고통에 차서 혹은 충격에 빠져서 내뱉곤 하는 의문문인 **이와 같은 일이 일어날 수 있는 세계란 대체 어떤 세계란 말인가**를 보다 잘 이해하기 위해 현상학, 특히 막스 셸러(Max Scheler)로 논의를 돌리고자 한다. 우선 그러한 언명이 나타나는 맥락에 대해서 몇가지 사전 논의를 좀 해보겠다. 저 질문은 아마도 내가 나날이 민주주의 제도들을 기꺼이 파괴했던 정권 이후에 살아가고 있기 때문에, 혹은 내가 살고 있는 지역이 기후변화의 결과로 엄청나게 파괴적인 산불의 영향을 받고 있기 때문에, 혹은 득세하는 백인우월주의자들이 캠퍼스 근처 혹은 캠퍼스 안에서 집회를 열고 있기 때문에, 그리고 이 모든 일들이 팬데믹이 그간 비교적 잠잠했던 시기를 지나서 여전히 다른 지역에서 그리고 다른 인구들에게서 급증하는 상황에서 벌어지고 있기 때문에 나오는 질문인 듯하다. 나는 **이것은 대체 어떤 세계란 말인가**라는 질문이 그러한 바이러스가 발생할 수 있는 세계를 가늠하고자 하는 질문이라고 생각한다. 그것은 바이러스가 새롭다는 것뿐만 아니라 이제 이 세계가 우리(예를 들어 최근 역사에서 에볼라바이러스에 영향받지 않았던 이들)가 생각했던 과거의 세계와는 다른 종류의 세계로 보이거나 드러났다는 것을 의미한다. 세계의 어떤 한 면모가 바이러스의 출현과 그 영향에 의해 전환된 것이다. 물론 지금 나타나고 있는 것이 세계에 대한 온전히 새로운 개념이라고 주장하는 것은 아니다. 팬데믹은 전에도 일어났고, 세계는 언제나 팬데믹이 일어날 수 있는 곳이었고, 혹은 적어도 몇세기 동안은 그러했다. 내가 말하고자 하는 바는 팬데믹에 관한 무엇인가가 우리로 하여금 세계를 검토의 대상으로 재인식하게 하고 세계를 우려의 대상으로 생각하게 하며, 지금 이 버전의 세계는 예상되지 않았던 것이라는 사실에 주목하도록 하고, 아울러 갑자기 세계를 새로운 종류의 모호성을 가진 곳이자 새로운 제약들을 강요하는 곳으로서 바라보도록 하고 있다는 것이다.

루트비히 비트겐슈타인(Ludwig Wittgenstein)은 세계는 재현으로서 이해되어야 한다는 쇼펜하우어(Arthur Schopenhauer) 적 제안을 암묵적으로 반박하면서 우리의 의지를 주어진 세계와 혼동하지 말아야 한다고 쓴 바 있다. 『논리철학논고』에서 그는 정적주의(quietism)와 실증주의에 대한 변명인 것으로 쉬이 이해될 수 있는 한 문장을 썼다. "만일 선하거나 악한 의지가 세계를 변화시킨다면, 그것은 그저 세계의 한계들만을 변화시킬 뿐 사실이나 언어로 표명될 수 있는 사물들을 변화시킬 수는 없다."[15] 당시에 그는 언어 논리가 현실 구조와 모방적인 관계를 유지한다고 이해했다(이후 그는 언어 게임으로서의 언어, 그러고는 삶의 형태로서의 언어 개념으로 전환했다). 우리가 의도하는 것은 분명 세계의 한계, 즉, 세계가 나타나는 지평으로서 우리가 이해하고 있는 것, 바로 그 한도를 바꿀 힘을 갖고 있다. 비트겐슈타인의 관점에서 볼 때 세계에 대한 무엇인가는 우리가 전에 본 적이 없는 방식으로 언어에 의해 표상될 수 있는데, 이 말인즉 총체로서의 세계는 현실의 구조가 다른 것으로 드러난다는 점에서 다른 것으로 나타나거나 혹은 "차오르게" 되는 것이다. 우리의 의지, 우리가 의도하는 것이 세계의 한계들을 이동시키는 것이 가능하다면 그때 세계는 새로운 세계가 되는 것이다. 이어지는 문장들에서 비트겐슈타인은 이러한 전체로서의 세계의 대두가 우리의 의지의 효과이거나 표상이 아니라 오히려 우리가 생각했던 것과는 다른 것으로서의 세계가 계시된 것임을 주장한다. 우리가 의도했던 무엇인가가 그러한 계시를 가능하게 한 것 같지만, 그로써 보여진 것, 드러난 것은 우리 의지의 단순한 효과가 아니라 오히려 보다 새로운 세계는 아닐지라도 세계에 대한 보다 새로운 감각 (sense)이라는 것이다. 따라서 그는 모든 살아 있는 인간들을 한데 엮어내는 단수의 세계 감각에 대해 말하는 것이 아니라 시간이 지남에 따라 일어나는, 혹은 아마도 지구상에 공간적으로 퍼지게 되는, **세계**에 대한 연속적인 감각들을 말하는 것이다. 실로, 세계가 어떤 새로운 감각을, 한계에 대한 감각을 포함하는 세계의 한계들을 변화시키는 종류의 감각을 받아들일 때, 그 세계 자체는 다른 세계가 된다. 그것은 더이상 우리가 그 안에 살고 있다고 생각했던 그 세계가 아니다. 그 경우에 현재 구성되어 있는 세계의 한계들은 이동하게 되는데, 즉 세계가 새로워진다는 것이다. 비트겐슈타인은 이렇게 말한다. "간략히 말하자면, 세계는 그렇게 전적으로 또다른 세계가 된다. 세계는 말하자면 하나의 총체로서 차오르거나 이지러지게 되는 것이다."**16** 그는 이어서 일종의 여담일 수도 있고 혹은 이

● 비트겐슈타인의 인용문 중 "차오르거나 이지러지게 되는 것이다"의 독일어 원문은 "abnehmen oder zunehmen"으로서 이 동사들은 원래 보름달 등이 차오르거나

전의 주장에 대한 실례일 수도 있는 말을 다음과 같이 쓰고 있다. "행복한 자들의 세계는 불행한 자들의 세계와는 사뭇 다른 세계이다."[17] 여기서 그는 행복이 의지와 함께 세계의 한계들을 이동시킬 수 있는 종류의 것이라고 주장하고 있다. 불행도 마찬가지인데, 불행의 관점에서는 세계가 다른 세계로서 출현하기 때문이다. 이는 행복 혹은 불행에 의해 표상되는 세계의 총체인 것이다.

우리가 **그러한 팬데믹이 일어날 수 있는 세계란 대체 어떤 종류의 세계란 말인가**라는 질문을 할 때, 우리는 정확히 그 같은 인식의 변화에 대해 말하는 것이다. 말하자면 우리가 알고 있던 세계의 한계에 서서 그 벼랑 끝에서 그와 같은 질문을 던지고 있는 것이다. 그렇게 세계를 우리의 대상으로 인식하면서 세계에 대해 질문할 때, 그리고 세계가 새로운 방식으로 우리를 이끌었다는 것을 이해할 때, 우리는 더이상 우리가 알던 그 세계를 알지 못하게 되며, 현재 그대로의 세계에 대한, 그리고 세계의 한계들이 정의되고 표명되는 양상들에 대한 우리의 이해를 변화

지는 것을 의미한다. 이와 같은 비유를 통해 비트겐슈타인은 마치 달이 눈앞에 차오르거나 이지러지는 것처럼 새로운 간가의 장이 열리고 새로운 세계가 펼쳐짐을 의미하고 있다. 역자가 참고한 독일어본은 다음과 같다. Ludwig Wittgenstein, *Tractatus Logico-Philosophicus: Logisch-Philosophische Abhandlung* (Berlin: Suhrkamp Verlag 1963).

시키는 무엇인가가 드러났다는 것을 인식하게 된다. 아마도 우리는 세계가 우연한 접촉에 의해서도 잠재적으로 치명적인 바이러스 전염이 일어날 수 있는 곳임을 깨닫지 못한 채 세계를 거쳐왔는지도 모른다. 혹은 그럴 수 있다는 지식은 있었지만 그런 일은 언제나 여기가 아닌 다른 곳에서나 일어난다는 제1세계의 추정으로 상황을 판단했는지도 모른다. 이제 우리는 세계가 그러한 곳이 될 수 있음을 알고 있기에(풍토병과 함께 살아왔던 사람들은 세계가 그런 곳임을 분명 알고 있었으나 아마 여기 이곳은 그렇지 않았던 듯하다), 세계에 대한 다른 감각을 갖게 되었다. 아마도 그것은 새로운 세계, 새로운 시대가 아니라, 오직 우리 중 일부만이 접했던 무언가, 이미 세계 속에 언제나 잠재해 있던 무언가가 전격적으로 드러난 듯하다. 이런 의미에서 우리의 감각의 효과로서가 아닌 세계의 형상으로서 무엇인가가 보이고 있다. 보이고 있는 것은 우리의 감각에 영향을 미치고 심지어 세계에 대한 우리의 인식에 비가역적인 영향을 미친다.

바이러스가 드러내고 있는, 혹은 보다 명백하게 보여주고 있는, 또 불균질하게 침투하고 있는 그 세계는 지도나 그림으로는 적절하게 전해질 수가 없는데, 그 세계는 바이러스의 전파와 그 영향이 일어나는 와중에 드러나는 무엇인가이기 때문이다. 물론 우리는 파란색 왕관 모양의 돌기를 가진 바이러스의 그래픽 이미지들을 볼 수도 있으며, 그러한 재현들이 우리의 스크린을 가득 채울 때 그 이미지들은 그것들이 제대로 표상할 수 없는 바이러스 상황들을 대신한다. 그것들은 디즈니월드의 광고와 유사한, 바이러스의 로고에 더 가깝다. 그 단순화된 시각 형성들은 바이러스를 그 작용과 전파라는 빠르고도 보이지 않는 시간성으로부터 유리시키고, 바이러스에 색깔을 입히며, 바이러스 돌기들을 왕관 모양으로 순화하면서 정부의 통치성을 광대같이 우스꽝스럽게 만든다. 한때 날마다 업데이트되었던 세계 바이러스 전파 상황 도표와 지도는 분명 유용했지만, 그림 형식을 통해서 바이러스의 팬데믹적 속성을 왜곡하기도 했다. 마르틴 하이데거(Martin Heidegger)는 "세계상"은 세계에 대한 그림이 아니라 오히려 그림으로 상상되고 이해된 세계라고 주장한 바 있다.[18]● 그는 세계가 그렇게 상상될 수 있는지 혹은 상상되어야만 하는지, 그리고 그림들이 세계를 상징한다는 것이 무슨 의미인지 질문한 것이다. 하이데거는 그러한 세계상 앞에 선 주체는 세계 전체의 시각화된 버전을 이

● "세계상"의 원 독일어 단어는 "das Weltbild"로서 이것의 영역은 'the world picture'이다. 버틀러는 독일어 'das Bild' 그리고 영어 'the picture'가 가진 중의적 의미를 십분 활용하여 상상 혹은 표현으로서의 세계상과, 팬데믹 위기하의 세계를 도표나 도형 등으로 표현한 그림으로서의 세계를 등치하고 있다.

해하고자 할 뿐만 아니라 그 주체가 알고자 하는 세계로부터 제외되는 스스로를 발견하게 된다고 지적했다.[19] 때로 그러한 생각이 미디어에서 작동하는 것을 발견할 수 있는데, 즉 우리가 보고 있는 영상에서 일어나는 일에 스스로가 직접적인 관련이 없다고 추정함으로써 위안을 느끼는 상황 말이다. 그러나 바이러스를 그림이나 그래픽으로 이해하고자 하는 노력이 실제로 인식하고 있는 주체의 면역력을 보장해주지는 않는다. 우리는 우리가 보고 있는 그림 안에 존재하며, 그러한 관극성은 우리가 알고자 하는 현상에 관련된다는 것이 무엇을 의미하는지를 부정하거나 적어도 유예한다.

그런데 우리가 바이러스가 창궐한 세계를, 혹은 우리가 만지고 숨 쉬는 것, 서로 가까이 있는지 혹은 멀리 떨어져 있는지 여부 등에 관련되며 보이지 않는 방식으로 실존적 차원의 효과를 만들어내는, 바이러스에 의해 촉발된 세계에 대한 감각을 이해하게 되면, 관련되어 있다는 감각이 변화할까? 바이러스를 무섭게 만드는 점 중의 하나는 바로 첨단 기술 장비 없이는 일상생활에서 바이러스를 볼 수가 없으며, 면역학과 역학(疫學)을 대중에게 쉽게 설명하는 과정이 없이는 우리의 절대다수가 바이러스의 작동 기제를 이해할 수 없다는 것이다. 우리 대부분은 불안한 추측들을 하며 지내왔다. 당신은 신종 코로나

바이러스에 걸렸습니까? 바이러스는 어디에 있습니까? 어떻게 압니까? 우리는 그저 일상생활의 용어를 통해 이 팬데믹이 가진 복합적이고도 전무후무한 속성들을 이해할 수밖에 없다. 각국 정부와 보건부처들이 공중보건 관련 결정 사항을 공표할 때 생각을 바꾸거나 정치적·경제적 고려사항에 영향을 받는 것으로 밝혀질 때면 이해가 더욱 어려워진다. 우리는 또한 우리가 이해해야만 하는 것이 우리와 다른 모두를 실존적 차원으로 얽히게 만든다는 것을 알고 있다. 즉, 팬데믹에 대한 우리의 지식이 곧 사느냐 죽느냐의 문제인 것이다. 분명 세계에 대한 우리의 이해가 어떤 전환을 맞았다고 할 수 있다.

어떤 학문 영역이 '세계'를 연구 대상으로 삼고 있는가? 나는 지리학·천문학·세계 문학·체계 이론·환경 과학 등을 그 사례로서 들 수 있다고 생각한다. 철학 분과에서 훈련받은 사람으로서 나는 현상학에 다시 이끌린다. 달리 말해, 세계에 대한 감각, 혹은 부분적으로 감각을 통해 우리에게 주어진 세계를 보여주는 팬데믹이라는 현상을 이해하기 위해 어쩔 수 없이 현상학을 이끌어낼 수밖에 없다.

1장

세계에 대한 감각

셀러와 메를로퐁티

세계가 갑자기 새로운 방식으로 드러나는 현상을 다루는 텍스트 하나를 꼽자면 바로 막스 셸러가 1915년 독일어로 출간한 「비극적인 것의 현상에 대하여」를 들 수 있다. 같은 해 지크문트 프로이트(Sigmund Freud)는 『전쟁과 죽음에 대한 고찰』을 출간했고 당시는 제1차 세계대전이 발발한 지 2년이 지난 상황이었다.[1] 셸러의 논고는 일어난 현상들(appearances)을 탐구하는 것을 목적으로 하는 현상학적 연구 분야에 속한다. 그러나 그 글은 주체가 무엇을 아는가, 알고 있는 것을 어떻게 알 수 있는가라는 질문에 대한 현상학적 분석을 중점으로 탐구하는 이들과 거리를 두면서 후설 현상학으로부터 일종의 이단적인 방향을 취하고 있다. 에드문트 후설(Edmund Husserl)

은 현상학 분야에서 각각 노에시스적(noetic), 그리고 노에마적(noematic)이라고 불리는 주관적인 세계들과 객관적인 세계들 사이의 상호 관계를 다루는 데 있어서 한 축을 다른 한 축보다 더 강조해야만 하는지에 대한 논쟁의 장을 열었는데 이는 1930년대부터 1950년대까지 지속적으로 중요한 쟁점이 되었다. 자신의 선험적 구조들로부터 세계를 구성해내는 초월적 주체가 존재하는가? 혹은 세계가 자아(ego)와 주체는 실상 잉여일 뿐이라 주장하면서 우리의 지각(知覺) 속으로 치밀어 들어오는 것인가? 독일의 철학자 루트비히 란트그레베(Ludwig Landgrebe)는 1940년 『철학과 현상학 연구』의 창간호에서 주체는 세계의 구성적 기원이며 세계를 구성하는 것은 세계를 주제로서 다루는 것과 같지 않다는 강력한 주장을 한 바 있다.[2] 비록 우리 각자는 이미 구성된 세계 속으로 태어나지만, 우리가 세계의 기원들에 대해서 질문할 때 현상학은 우리로 하여금 세계를 괄호 안에 묶어놓도록 한다. 란트그레베에게 세계의 기원에 대한 질문은 인과관계나 창조에 대한 것이 아니라 오히려 **구성**에 대한 것이며, 그러기 위해서는 세계가 출현할 수 있는 어떤 지평, 어떤 선, 혹은 어떤 한계가 존재해야만 한다. 현세인 것, 즉 세계에 속한 것 혹은 세계의 것은 초월적 주체에 의해 어떤 현상으로서 구성되어야 하는 동시에 이미 주어진 지평 안에서 출현하게 된다. 장폴 사르트르(Jean-Paul Sartre)가 이미 1937년에 자아를 전적으로 초월하는 명제를 내놓은 바 있고, 그보다 먼저 애런 거위치(Aron Gurwitsch)와 같은 수많은 후설주의자들이 초월적 자아나 주체는 아마도 존재하지 않으며 기껏해야 그저 초월적 장(場)만이 존재할 뿐이라고 주장했기에 당시 란트그레베는 셸러를 염두에 두지 않았을 수 있다.[3] 후설 자신은 그의 『내적 시간 의식의 현상학』에서 세계는 일련의 과정, 즉 시간화(Zeitigung)를 통해 유효한 것으로서 의식에 나타난다고 주장했다.[4] 그리하여 세계는 오직 시간적 지평 안에서만, 따라서 오직 시간적인 계열 안에서만 우리에게 유효한 것으로서 주관적으로 구체화된다. 의식의 힘을 구성하는 세계는 세계를 창조하지도 확립하지도 않으며 그저 다음과 같은 질문에 응답한다. **어떤 조건하에서 세계는 우리가 알고 있는 그 세계로서 나타나는가?** 어떤 시간적 연속을 통해서, 그리고 어떤 앎의 행위와 관련해서? 달리 말해, **구성**이라는 현상학의 교의(doctrine)는 이상주의적인 비유라기보다 세계가 어떻게 나타나고 세계가 이미 주어진 체계 안에서 어떻게 유효한 것으로 형태를 갖추는가에 대한 물음이다. 세계를 경험과 지식에 대한 이미 주어진 장(場)으로 가리키는 것은 충분하지 않기 때문이다. 만일 세계가 주어진다면, 그것은 이미 주어진 속성과 그 객관성을 반박하거나 최소화하지 않는 일련의 과정들과 행위들을 통해서 주어진 것이며, 심지어 그 객관적인 것조차 어떤 면에서는 이미 알려져 있는 것으로서 나타날 수밖에 없다.

란트그레베보다 25년 전에 글을 쓴 셸러는 후설의 영향을 깊이 받았으나 후설의 철학이 세계의 객관적인 양상들을 포함한 객관적인 현실을 지지하고 있는지에 대해서는 확신이 서지 않았다. 셸러의 에세이는 비극적인 것을 그 자체로서 다룰 수 있는 일종의 현상으로 삼고 있다. 비극적인 것은 후설주의자들이 말하듯이 노에마적인 집합으로서 객관적인 지위를 가진다. 그러나 비극적인 것은 본질적으로 인간의 의식이나 투사 행위 혹은 해석 행위에 의해, 혹은 인간 행동의 직접적인 결과로서 구성되지 않는다. 이렇듯 셸러는 그럴듯함(likelihood)과 개연성(probability)의 법칙에 맞게 일련의 비참한 결과들이 펼쳐지는 비극에 대한 아리스토텔레스적인 이해로부터 명백하게 벗어나서 비극에 대해 사유할 수 있는 수단을 제공하고 있다. 셸러에게 비극적인 것은 법칙에 의해 규정되지 않는다. 이상하게도 비극적인 것은 어떤 희곡 속 인물에서 발견되는 것이 아니며, 전적으로 미학적인 문제로서 발견되지도 않는다. 그것은 어떤 장르를 규정하지도 않고, 도덕적인 맹목성이나 약점에 의해 파멸의 길을 걷는 결함 있는 인물을 규정하지도 않는다. 셸러의 텍스트는 놀랍게도 우리가 비극적인 것을 세계가 그 자체를 드러내는 한 방식으로서 여겨야 한다고 제안하고 있다. 그렇다. 비극적인 것은 인간의 사건들에 의해 나타난다. 그러나 그것을 보여주는 것은 인간의 특수성이 아니다. 오히려 그것은 세계의 한 특성이자 세계가 가진 특질들 중 하나인 것이다. 셸러는 다음과 같이 쓴다.

비극적인 것은 무엇보다 우리가 사건들, 운명들, 인물들과 기타의 것들에서 관찰할 수 있는, 그리고 실제로 그것들 안에 존재하는 일종의 속성(ein Merkmal)이다. **우리는 아마도 비극적인 것이 그와 같은 것들에 의해 거친 숨결처럼 내뿜어진다고**(ein schwerer, kuehler Hauch, der von diesen Dingen selbst ausgeht), 혹은 그와 같은 것들을 에워싸고 있는 미세한 불빛이라고 **말할 수 있을 것이다.**[*] 비

---

[*] 원주 1번에서 버틀러가 설명하고 있다시피 셸러의 인용문은 1954년 버나드 스탬블러의 번역본에서 따온 것으로서 영어 번역본은 실제 독일어 원문과 미세한 차이가 있다. 해당 인용문에서 강조되어 있는 부분은 독일어 원문을 따르자면 "이러한 것들로부터 내뿜어지는 거칠고도 서늘한 숨결"이라고 번역되어야 한다. 스탬블러의 영역본은 죽음의 체험이라고도 할 만한 "서늘한 숨결"이라는 은유적 표현을 삭제한 번역이기에 아쉽지만, 위 인용문은 버틀러가 인용한 그대로 번역했음을 밝힌다. 역자가 참고한 독일어 원전은 다음과 같다. Max Scheler, *Vom Umsturz der Werte* (Leipzig: Der Neue Geist 1919).

극적인 것 안에서 세계 구조의 구체적인 특성이 우리 앞에 나타나는
데, 그것은 우리 자아의 상태도 아니고, 감정들도 아니고, 연민과 공
포의 경험도 아니다.[5]

만일 셸러의 에세이가 팬데믹 시대에 우리에게 일러주는 것
이 과연 있는지 의심한다면, 거친 숨결에 더해 다음을 생각해
보면 될 것이다. 비극적인 것은 바이러스처럼 다른 곳에서 오
는 공기 중의 발산물들에 달려 있다. 이는 우리로 하여금 비극
적인 것이 이동하고 아울러 우리를 둘러싸고 돌아다니는, 바이
러스적인 속성을 지니고 있는 것은 아닌지 생각하도록 한다.
지금 이 팬데믹 시대에 무언가를 발산하는 것은 바로 거친 숨
결이며, 공기 중에 떠다니는 흔적들은 분명 특별한 종류의 불
빛에 의해 조명될 수 있다.

비록 셸러가 "가치의 위계"를 포함하여 내가 도통 납득하기
어려운 광범위한 현상들의 객관성을 확립하고자 했지만, 나
는 그럼에도 그의 에세이 안에서 이 용어, 비극적인 것이 객관
적인 아우라를 띠는 것이 매우 흥미롭다. **비극적인 것**이 사건들
을 통해 생기기는 하지만, 그렇다고 비극적인 것이 바로 사건
인 것은 아니다. 셸러의 설명에 따르자면 비극적인 것은 그저
특정한 종류의 경험들이 모이는 일종의 범주이다. 그는 다음과

같이 비교적 단순한 도식으로 우리의 주의를 이끈다. "비극적인 것의 범주에 속하기 위해서 몇몇 가치는 파괴되어야만 한다."[6] 나는 "비극적인 것"에서 파괴되는 종류의 가치, "비극적인 것"에 의해 보이는 가치가 파괴 가능한 것으로서 상상되기 어렵다고 여긴다. 그 가치는 무엇인가? 아니, 그러한 일련의 가치들의 범위가 어떻게 정해질 수 있을까? 비극적인 것은, 슬픔의 원인인 대상에 대해 알고 그것을 명명할 수 있는 슬픔과 같지 않다. 우리가 비극적인 비통함에 대해 말할 때, 셸러의 시각에 따르자면, 그것은 "어떤 확실한 평정 상태" 혹은 평온함의 감각을 "포함한다".[7] 또한 중요한 점은 그것은 세계의 **지평 너머로** 확장된다는 것인데, 이는 후설의 철학과는 결을 달리하는 논설이다. 비극적인 것은 우리 자신의 행동의 결과라기보다는 셸러의 표현에 따르자면 외부에서부터 도래한 어떤 것의 결과이자 그로써 정신에 침투하는 것이다. 비극적인 것이 심지어 **사건들**, 즉 비극적 사건들로 이해될 수 있는 것들에 의해 촉발될 때조차 비극적인 것은 결코 그 원인인 사건으로 환원될 수 없다. 비극적인 것은 오히려 가치의 철저하고도 불가피한 파괴가 일어나는 일종의 기운(geistige Atmosphäre)으로서 존속한다.[8] 이렇듯 비록 비극적인 사건이 비극적인 것의 원인일지라도 그 이상의 어떤 것, 즉 한데 모여 "세계의 구조"를 구성하는 일련의 요소들이 드러난다. 셸러는 이러한 요소들이 "그와 같은 일을 가능하게 한다"라고 쓴다.[9] 달리 말해, 사건이 세계에 관한 무엇인가를 드러낸다는 것이다. 사건은 그 원인이지만 세계는 동시에 그 조건이자 현상 그 자체이다: "비극적인 것은 언제나 개인적인 것, 단수적인 것의 문제이지만 그와 동시에 세계의 구성 자체(eine Konstitution der Welt selbst)에도 관계되어 있다."[10] 따라서 셸러에게 세계가 초월적 주체에 의해 구성된다는 것은 후설이 제시한 보다 검증된 차원의 의미에서조차도 납득할 수 없는 것이다. 오히려 귀중한 무언가나 소중한 사람의 크나큰 상실이나 파괴의 상황에서, 아니, 보다 정확하게 말해서 그들 혹은 그것들이 지니고 있던 어떤 가치들이 상실되거나 파괴되는 상황에서 비극적인 것이 나타난다. 이와 같은 비극적인 것은 상실에 대한 비탄 속에서뿐만 아니라 세계가 그러한 사건이 정말 일어날 수 있는 곳이라는 충격 혹은 당혹감 안에도 존재하는 것이다.

셸러가 말한 "그와 같은 일이 일어날 수 있는 세계란 대체 어떤 세계란 말인가!"라는 감탄문은 이와 같은 비극적인 것에 대한 감각을 지칭하고 있다. 그저 **이** 사건, **이** 상실, 혹은 **이** 가치의 파괴가 아니라 그러한 파괴가 가능한 세계, 혹은 그러한 파괴가 가능해진 세계인 것이다. 셸러가 보여주는 철저한 반주

관주의는 비극적 사건 속에서 혹은 비극적 사건을 통해서 "우리가 어떤 고민의 과정이나 '해석'을 통하지 않고도 세계의 구조가 가진 확고한 상태와 직접 대면하게 된다"는 주장이다.[11] 다음은 그의 주장의 보다 긴 버전이다.

이것은 사건 자체 안에서 우리와 맞닥뜨린다. 그것을 발생시킨 것들이 행하는 결과로서 나타나지 않는다. 그것은 그저 잠시 사건과 관련되고는 그것을 구성해내는 요소들로부터 무관해진다. (…) 깊이는 그 주체가 이중으로 되어 있다는 사실에 의해 발생된다. 하나는 우리에게 보여온 사건의 요소이다. 다른 하나는 사건에 의해 예시되는 세계의 구성, 그 사건이 그저 하나의 실례일 뿐인 세계의 구성에 관한 것이다. 비탄은 사건으로부터 터져나와 무한의 공간으로 [세계의 지평 너머로] 흘러나가는 것 같다. 그것은 모든 비극적 사건들에서 동일하게 보편적이고 추상적인 세계-구성이 아니다. 오히려 세계의 구성에 있어서 확정적이고도 개인적인 요소이다. 비극적인 것으로부터 멀리 있는 주체는 언제나 세계 그 자체, 즉 그러한 일을 가능하게 한 총체로서의 세계 자체인 것이다. 이러한 '세계' 자체는 슬픔에 잠긴 대상인 것만 같다.[12]

이 텍스트의 요점은 "오, 이 생명이나 저 생명의 상실은 중요하

지 않고 그러한 사건들을 상상조차 할 수 없는 **세계**에 대한 감
각의 상실만 중요하다"라고 말하는 것이 아니다. 그렇다. 중요
한 것은 삶, 그리고 그 삶을 영위해온 세계에 대한 것이다. 그
것은 동시에 둘 다이다. 그것은 그 둘 사이의 운동이다. 실제로
슬픔은 삶과 세계 사이에서, 단일하면서도 되돌릴 수 없는 상
실이라는 사건과 이제 상상할 수조차 없는 슬픔에 완전히 젖
어 있는 세계 사이에서 운동한다. 어떤 면에서 이것은 병원에
서 휴대전화만으로 외부와 소통할 수밖에 없는 상황, 병원 문
앞에서 출입을 금지당하는 것, 병원에 들어갈 수 없거나 혹은
죽어가는 이에게 가까이 갈 수 없는 것 등 여러가지 상실에 대
한 이야기들이 중첩하는 한에서만 참이라고 할 수 있다. 그러
한 이야기들은 이러한 상실 그리고 저러한 상실에 대해, 즉 각
각의 매우 특정한 상실에 대해 일러주지만, 그러한 각각의 경
우들에 어떤 공통된 사항들이 반복되면서 단일한 상실의 세계
가 서서히 엄습하며 나타난다. 아니, 아마도 그것의 은은한 기
운이 공기 그 자체로, 혹은 공기가 지금 여기에 인식되는 방식
으로 화하거나 혹은 화할 징조를 보인다고 표현할 수도 있겠
다. 우리는 숨을 쉰다. 이 말은 어떤 면에서는 우리가 살아 있
음을 의미한다. 그러나 만일 잠재적인 비탄, 그리고 실제 비탄
이 우리가 숨 쉬는 공기 안에 존재하고 있다면, 그렇다면 그 숨

은 이제 바이러스의 통로이자 때로는 바이러스 감염으로 초래된 상실에 대한 비탄의 통로이며, 아울러 죽음을 비껴 살아남은 생명의 통로이기도 한 것이다.

셸러는 비극적인 것과 함께 무언가 매우 긍정적인 가치가 파괴된다고 주장하고 있다. 그 가치란 무엇일까? 그 가치들이란 무엇일까? 그 가치들 중 하나는 바로 접촉이며, 다른 하나는 호흡이다. 또다른 하나는 이 세계의 복잡한 표면들과 구역들, 즉 보호처이자 피난처로서 또한 잠재적으로 위험한 구역으로서 이해되는 거주 기반일 것이다. 표면들과 우리가 숨 쉬는 공기로 이루어진 세계는 생명 그 자체를 지탱하는 기능을 해야 한다는 일종의 규범적인 주장을 할 때 나는 무언가 새로운 주장을 하고 있는 것이 아니다. 팬데믹 상황에서는 우리가 생명 유지를 위해 의존하고 있는 바로 그 요소들이 잠재적으로 생명을 앗아갈 수도 있다. 우리는 누군가를 만지는 것, 그들이 내쉰 숨을 들이마시는 것, 예기치 않게 가까이 있는 것, 낯선 이의 즐거움에 찬 외침이나 흥겨운 노래, 혹은 너무 가까이서 춤 추는 것 등에 대해 걱정하게 되었다. 이 모든 것은 우리를 아래로 끌어내리며 모든 사회적 이음새들을 괴롭게 하는 영구적인 비애로서 일종의 드래그(drag)인 것이다.[*] 셸러를 논의의 출발점으로 잡고서, 나는 그런 조건하에서 어떻게 삶을 살아갈 수 있는지에 대해, 그리고 보다 일반적으로 말해서 살 만한 삶의 조건에 대해서 질문하고 싶다. 이 상황에서는 마치 삶의 기본적 조건들이 여실히 드러나버려서, 우리가 예전에 했던 좀더 쉽고 자의식이 덜한 접촉과 호흡을 이제는 신경 쓰게 되어버린 것만 같다. 우리는 예전에 중요시했던 타인과의 가까운 접촉을 잃어버리고 있다. 접촉, 감각으로서의 촉감, 그리고 타인과의 연결을 잃어버리고 있는 것이다. 강제된 거리두기에 따라 서로와의 접촉을 상실하고, 가정 외의 친밀성과 사회성의 가치를 잃어버리며, 그에 따라 스스로를 보호하는 울타리를 갖고 있거나 가질 여유가 된다면, 자기만의 공간, 안식처와 거주지, 동네 간 울타리들 뒤로 물러서고 있다.

물론 우리가 그리워해온 것은 우리가 사랑하는 각각의 사람들, 혹은 이런저런 종류의 모임과 만남일 테지만, 소위 세계의 범위를 제한하는 지평이 주는 안정적인 압축감을 그리워해왔을 수도 있다. 그러므로 여기서 문제는 셸러가 비극적인 것으로서 명시하고 있는 것, 즉 바이러스의 위협과 파괴가 가능한 세계에 대한 것일 뿐만 아니라 삶에 대한 문제이기도 하다. 즉, **이와 같은 상황하에서 살아 있는 생명체로서 산다는 것, 여러 생명체**

● 여기서 버틀러는 질질 끌고 가는 행위와 복장전환 퍼포먼스를 모두 의미하는 중의적 단어 '드래그'(drag)를 사용하고 있다.

들 중의 하나로서 산다는 것, 생명의 과정들 중의 한 생명으로서 산다는 것은 무엇을 의미하는가? 셸러는 비극적인 것과 연관되어 있는 일종의 가책에 대해 언급하고 있다. 그러나 그것은 개인의 행동들에 대한 책임으로 다시 이어지는 그런 가책이 아니다. 오히려 세계 자체의 구조로부터 나타나는 어떤 책임감, 비록 그와 같은 피해 상황과 기제들을 만들어낸 것에 대해 우리의 책임을 물을 수는 없지만, 그럼에도 서로에게 책임이 있다는 사실로부터 도래하는 책임감이라 할 수 있다. 셸러의 말을 빌리자면, "적어도 인간의 비극들에 있어서 비극적인 것은 단순히 '책임'이 없다는 데 있지 않다. 그것은 오히려 책임의 소재를 알아낼 수 없다는 사실에 있다".[13] 사실, 비극적인 것에 대한 감각은 비극적인 사건들에 대한 책임 소재를 찾아낼 수 없을 때 더욱 강렬해지는 것이다.

　물론 팬데믹하의 여러 제한들은 핵가족과 규범적 가족을 넘어서는 친족, 즉 가족 세대원에 한정되지 않는 돌봄의 공동체를 구성하는 새로운 실험의 기회이기도 하다. 부분적으로 멈춰버린 경제가 환경에 재생과 회복의 기회를 주었다는 인식 또한 존재한다. 비록 더 많은 사람들이 플라스틱으로 채워진 배달 상품을 필요로 하게 되었지만 말이다. 서로 모르는 타인들은 편집증적으로 서로를 대하기도 했지만 또한 주목할 만한 배려심으로 서로를 걱정하기도 했다. '흑인의 생명도 소중하다'(Black Lives Matter)와 같은 사회운동의 참가자들은 마스크를 착용한 채로 거리로 나섰고, 인종 및 경제 정의를 위한 놀랍고도 지속되는 행동들이 그 어떤 바이러스 급증 사태에도 원인을 제공하지 않도록 충분히 책임감 있는 방식으로 행동했다.[14] 국가 의료보험 제도에 대한 주장은 내가 살고 있는 이곳에서 그 어떤 때보다 강력하게 요구되고 있으며, 기본소득 보장과 단일 의료보험 부과체계 법안에 대한 심리 가능성은 보다 더 높아졌다. 게다가 교도소 철폐 운동 및 경찰 예산 삭감 운동 등은 폭력적인 교도소 제도에 대한 대안을 찾는 행동들 이후에 더이상 반대자들이 주장하는 대로 "정신 나간" 뜬구름 잡는 소리로 취급되지 않고 시의회와 지역 당국에서 공개적으로 논의되고 있다. 아울러 인간들을 가르고 가치의 위계를 강제하는 사회적·경제적 경계선들을 뛰어넘는 애도와 연대의 움직임 또한 나타나고 있다. 죽음, 상실, 놀라울 정도로 심각한 경제적·사회적 불평등의 존재를 부정하는 이들은 더욱더 많은 이들이 백신을 맞고 마스크를 쓰는 것을 공공 생활의 의무로 받아들임에 따라 그 영향력을 잃었다.

팬데믹 상황은 우리의 관계를 불안정하게 만듦과 동시에 지속적으로 끈끈하도록 하면서 서로를 이어주고 있다. 우리는 어떤 생명이 보호할 가치가 있고 어떤 생명이 그렇지 않은지를 일러주는 계산법을 목도하고 그에 저항하고 있다. 이러한 계산법은 용인 가능한 수준의 죽음은 어느 정도인지를 확정 짓는 계산법과도 비슷한데, 자신들은 그런 일을 한다는 것을 부인하지만 대학들과 산업계에서 그러한 결정들을 내려왔던 것이 사실이다. 학교와 대학들은 몇몇이 병들고 몇몇이 죽을 것이라는 계산에 근거하여 팬데믹이 정점인 상황에서 학교 문을 열었다. 그러한 공식에는 소위 처분 가능한 인구가 언제나 포함된다. 그리고 그러한 공식이 작동되기 위해 희생되어야만 하는 사람들도 언제나 존재한다. 그리하여 팬데믹의 정점에서 문을 연다는 결정은 흑인과 갈색(brown) 피부 인종, 노인, 지병이 있는 이들, 가난한 이들, 노숙자들, 장애가 있는 이들, 그리고 미국 국경에서 입국이 막혀 오고 가도 못하는 이들과 과밀화된 구금시설에 갇힌 이들을 간접적으로 겨냥하고 있다.* 이러한 모든 형태의 고난의 상황들에 저항하여 새롭고도 개선된 자발적 움직임이 나타나고 있으며, 이 움직임들은 그 힘과 숫자에서 의미 있는 증가세를 보이고 있다. 이 운동들은 모두 현

---

* 여기서 갈색(brown) 피부 인종은 유색인종의 한 분류이자 용어로서 라틴아메리카계, 중동계, 남아시아계 인구를 일컫는다. 따라서 일반적으로 이 용어는 동북 및 동남 아시아인을 포함하지 않는다.

재 세계의 모습에 깜짝 놀라서 어떤 다른 종류의 세계를 구성하기 위해 노력하고 있다. 인간의 행동이 세계의 중심에 있지는 않기에, 세계를 새롭게 하는 것은 그 운동들이 온전히 다 해낼 수 있는 일이 아니다. 그러나 일단 인간 행위에 대한 조건과 한계들이 확립되면 보다 새로운 세계가 분명 나타난다. 그런 이후에야 기후 파괴를 되돌릴 수 있고, 아울러 우리 사이의 윤리적인 유대는 위에 언급한 가장 취약한 이들의 희생을 받아들이는 자기강화 및 경제적 셈법에 제한을 둘 수 있을 것이다.

이것은 대체 어떤 세계란 말인가라는 질문은 또다른 질문에 의해 촉발된다. **이런 세상에서 우리는 대체 어떻게 살아가야 하는가?** 그리고 일련의 다른 질문들이 이어질 수 있을 것이다. 이러한 세계를 감안할 때 살 만한 삶에 기여하는 것은 무엇인가? 그리고 거주 가능한 세계에 기여하는 것은 무엇인가? 만일 우리가 기본적인 가치들이 파괴되고 있는 세계를 근본적으로 의문시한다면, 만일 그 세계가 특정한 일련의 질문들을 촉발한다면, 그것은 매우 심각한 윤리적 방향 상실 때문이다. 마치 이 세계가 우리가 전에 갖고 있던 그 어떤 세계상에도 포함되지 않기라도 한 것인 양 지금 이렇게 세계에 대해서 격하게 외치고 있는 이유 중 하나는 바로 전무후무한 면역학석 위기 상황에 따라 구성되어 있는 세계에서 우리가 어떻게 잘 살 수 있는지를 알지 못하기 때문이다. 즉, 우리는 이 세계에서 살 만한 삶이란 대체 무엇인지 잘 알지 못한다. 그리하여 우리는 이전보다 더욱 명료하게, 혹은 다른 방식으로 살 만한 삶의 가능성이 거주 가능한 세계에 달려 있음을 깨닫고 있다. 나는 위에 언급한 두 가지 후속 질문들에 대해서 사유하면서 셸러의 이론화가 그 질문들에 답하는 것에 도움이 될지, 혹은 그 질문과 연계했을 때 한계를 보여주는지에 대해 알아보고자 한다.

살 만한 삶에 대해 요구를 하는 것은 주어진 생명이 살아갈 힘을 갖도록, 지속적으로 살아나갈 힘이 있도록, 그리고 그 생명을 바랄 수 있는 힘을 가지도록 요구하는 것이다. 만일 우리가 **무엇이 삶을 살 만하도록 만드는가**라는 질문을 한다면, 그것은 우리가 어떤 조건하에서는, 예를 들어 가난, 투옥, 빈곤, 동성애 혐오적·트랜스혐오적·인종차별적 폭력과 여성에 대한 폭력을 포함하는 사회적·성적 폭력이 존재하는 조건하에서는, 삶이 살 만하지 않다는 것을 정확히 잘 알고 있기 때문이다. **나는 언제까지 이렇게 살아야 하나**라는 질문이 내포하고 있는 가정은 다른 방식의 삶이 분명 존재한다는 것, 그리고 우리는 살 만한 형태의 삶과 살아가는 것이 위태로워진 형태의 삶을 구분할 수 있고, 아니, 구분해야만 한다는 것이다. **나는 언제까지 이렇게 살아야 하나**라는 질문이 어떤 자각으로 화할 때, 즉 "나는 계속 이렇게 살아가지 **않을 것이다**"로 변할 때 우리는 철학적으로도 사회적으로도 긴급한 질문의 중심에 서게 된다. 즉, 우리가 삶 자체의 지속을 긍정하며 살아갈 수 있도록 하는 조건들은 대체 무엇인가? 그리고 삶의 가치를 옹호하기 위해서는 누구와 함께 삶을 영위해야 하는가? 이러한 질문들은 **좋은 삶이란 무엇인가**와 같은 질문 혹은 보다 오래된 실존적 질문인 **삶의 의미는 무엇인가**라는 질문과 다르다.

내가 앞서 제안했듯이 삶을 살 만하게 만드는 것은 무엇인가 하는 질문은 **거주 가능한 세계에 기여하는 것은 무엇인가**라는 질문과 연결되어 있다. 이 마지막 질문은 막스 셸러의 질문은 아니었다. 하지만 그가 기술하고 있는 세계, 즉 그가 비극적인 것을 통해 드러난다고 주장하고 있는 세계에 대한 감각으로부터 이어지는 질문이다. 세계가 슬픔에 젖어 있는 대상일 때, 그러한 세계에서 거주하는 것이 어떻게 가능할까? 살 수 없는 슬픔의 지속은 또한 어떠한가? 해답은 개인의 행동이나 실천에 있다기보다 세계에 거주할 수 있는 조건들을 창출하기 위해서 서로와의 거리에 상관없이 나타나는 연대의 형태들에 있다. 지금 나는 셸러가 단호하게 몰아내버린 주체의 자리를 다시금 논의의 장으로 복귀시키고 있는 것일까? 아니면 나는 지금 논의를 (단지 인간중심적인 개념으로서의 삶이 아닌) 삶의 문제,

살아가는 것의 문제, 살 만한 삶에 대한 가능성의 문제로 전환하고 있는 것인가? 우리는 부정적인 놀라움, 움츠러듦, 심지어 충격 등에 대해 고민해왔다. 그 자체로서의 사건이 아니라 그러한 사건이 일어날 수 있는 세계에 대해서 말이다. 그러나 만일 그러한 사건이 일어난다면 그리고 세계가 그것이 일어날 수 있는 곳으로 판명된다면, 그렇다면 그러한 세계에서 과연 어떻게 살아갈 수 있는가? 그러한 세계는 어떻게 살 만한 곳이 될 수 있는가?

이 마지막 질문은 내가 앞서 언급한 두번째 질문, 즉 거주 가능한 **세계란 무엇인가**와는 약간 다른 질문이다. 이 마지막 질문은 **살 만한 삶을 영위한다는 것은 무엇을 의미하는가**와 중첩되는 질문인 듯하지만 사실 두개의 질문은 각각 개별적인 질문들이다. 그러한 세계는 어떻게 살 만한 곳이 될 수 있는가 하는 질문은 아마도 셸러의 정신에 입각할 때 세계를 최우선적인 것으로 단언한다. 그러나 이 질문은 다른 생명체에 연결되어 있는 생명체로서의 인간을 다시금 앞서의 생명을 계산하는 그 공식 속으로 추가한다. 이로써 또다른 질문이 생긴다. 그렇다면 세계는 어떻게 인간과 인간이 아닌 생명체들이 거주할 수 있는 곳이 되는가? 그러한 세계는 어떻게 살 만한 곳이 될 수 있는가 하는 질문은 보다 살 만한 삶들부터 보다 위태로운 삶들까지를 아우르는 범주들에 더 적절하게 들어맞으며, 살 만한 삶과 위태로운 삶 사이의 구분을 단언한다.

세계에서 살아가는 것에 대해서 질문할 때 우리는 이미 세계에 거주하는 것에 대해서 말하는 것이라 할 수 있는데, 왜냐하면 세계 안을 자신의 거소로 삼지 않고 산다는 것은 불가능하기 때문이다. 거주한다는 것은 지속과 공간의 문제를 제기한다. 만일 우리가 그저 지구에 대해서만 말하고 있다면 문제는 달라질 것이다. 지구에는 인간이 거주하지 않는 곳이 많으며, 그러한 사실은 오늘날의 기후 파괴에 있어서는 매우 다행이라 할 수 있다. 그러나 세계라는 개념은 언제나 거주의 시공간을 전제하고 있다. 즉, 세계는 생명이 살아가는 시간적, 공간적 좌표들을 포함하고 있다. 달리 말해, 살아 있는 존재들과 만들어진 환경들로 이루어진 네트워크 혹은 장(場)과 관련하여 시공간을 통해 우리가 삶을 지속할 수 있도록 도와주는 모든 것들을 포함하고 있는 것이다. 만일 세계가 거주 **불**가능한 곳이라고 한다면, 이는 세계에 파괴가 만연해 있음을 의미한다. 만일 삶이 살 만하지 **않**다면, 이는 생존 적합성의 조건들이 파괴되었음을 의미한다. 기후변화에 의한 지구의 파괴는 거주 불가능한 세계에 일조하고 있다. 이와 같은 사실은 우리기 지구를 파괴하지 않고 지구의 모든 지역에서 살 수는 없으므로 지구 환경에 있어서 인간의 거주를 제한해야 한다는 필요성을 일깨워주며, 아울러 우리가 어디에서 어떻게 사는지에 대해 제한을 두는 것은 지구를 보전하기 위해, 결국 우리의 생명을 보전하기 위해 필수적이라는 사실을 새삼 일깨워준다. 이렇게 말하는 것은 아마도 단순하게 들릴지 모르겠지만, 인간이 세계에 거주하는 데에는 더 나은 방식들과 더 나쁜 방식들이 존재한다. 이제 오직 인간의 거주 범위와 파괴에 제한을 둘 때만 지구는 생존할 수 있고 재생할 수 있다. 기후변화라는 상황에서 인간은 거주 가능한 세계에 기여하기 위해 스스로에게 제한을 가한다. 거주하기 위해 세계의 일부는 거주할 수 없도록 남겨져야 한다. 우리가 살아가고 있는 세계는 지구를 포함하고 있으며, 지구에 의존하고 있고, 지구가 없이는 존재할 수 없다. 더욱이 세계가 거주 가능하지 못한 곳이 되면 생명은 살아갈 수 없다. 그리하여 산다는 것은 부분적으로는 살 만한 삶을 살아간다는 것, 살아갈 곳이 있다는 것, 즉 지구를 파괴하지 않고도 거주할 수 있는 지구의 어느 한 부분에서 살 수 있다는 것, 보호처를 가질 수 있다는 것, 그리고 우리가 살아가는 구조들(과 인프라들)에 의해 보호되고 유지되는 세계 속에서 하나의 신체로서 거주할 수 있음을 의미한다. 즉, 공동이란 것의 일부가 되고 공동의 세계를 함께 나누는 것을 의미한다.

어떤 세계에 거주한다는 것은 부분적으로는 삶을 살 만하도록 만드는 것과 같다. 그러므로 우리는 거주 가능한 세계라는 질문을 살 만한 삶의 문제로부터 결정적으로 분리할 수 없다. 만일 인간인 우리가 생물다양성에 대한 고려 없이, 기후변화를 멈추지 않은 채로, 탄소 배출을 제한하지 않고서 이 지구에 거주한다면, 우리는 자신들에게 거주 불가능한 세계를 만들어내고 있는 것이다. 세계는 지구와 동일한 개념은 아니지만, 만일 우리가 지구를 파괴한다면 우리는 또한 우리의 세계들을 파괴하는 것이다. 그리하여 만일 우리가 그 어떤 제한도 없이 자유롭게 인간의 삶을 살아간다면, 살 만한 삶을 버리는 대가로 자유를 즐기는 것이 된다. 자유라는 이름으로 우리 자신의 삶을 위태롭게 만들고 있는 것이다. 달리 말해, 우리는 그 어떤 다른 가치들보다 더 중시하는 개인적 자유와 생산주의적 책무라는 미명하에 사회적 유대와 살 만한 세계를 파괴함으로써 우리의 세계를 거주 불가능하게 만들고 우리의 삶을 너무나 자주 위태롭게 만들고 있다. 개인적 자유는 그 변형에 따라 세계를 파괴하는 힘으로 여겨야만 한다. 지금 나는 개인적 자유 자체에 대해 반대하는 것이 결코 아니다. 그것의 파괴적인 형태는 사람이나 개인의 문제라기보다는 오히려 국가적 차원의 소속감의 문제, 그리고 심지어 지구의 파괴와 지구 기후에 대한 파괴를 정당화하는 이윤과 이익이라는 시장 논리의 문제인 것 같다. 이와 같은 개인적 자유에 의해 중요하지 않은 것으로 취급받는 또다른 형태의 자유가 있다. 그것은 사회적 삶 속에서, 공동의 세계를 추구하는 삶 속에서, 자유롭게 공동의 세계를 추구하는 삶 속에서 나타난다.

지금까지 이 장에서 나는, 부분적으로는 팬데믹이 규정한 지금 현재를 중심으로 철학적 탐구와 정치적 사유 사이에서 조금씩 그 논의의 방향을 바꾸어왔다. 앞서 나는 사회적·경제적 세계에 대해 팬데믹이 무엇을 예증하고 있는지에 대해서 몇몇 반대되는 견해들이 있음을 설명했다. 우리는 그동안 불안정성(precarity)과 가난이 심화되었음을 목도해왔는데, 그럼에도 많은 이들은 이 시기에 사회성과 연대를 재정의하고, 돌봄과 상호의존성을 위한 세계적·지역적 그리고 주변 네트워크의 요구를 강조하는 것에 대한 희망을 드러내고 있다. 대부분의 개인주의가 추정하고 있는 소위 신체의 경계들이 온전하다는 믿음은 외부로 열려 있는 구멍들, 점막으로 이루어진 내벽들, 호흡기관 등 이제는 삶과 죽음의 중요한 문제가 된 이 요소들에서 볼 수 있듯이 신체가 분명 침투 가능한 것이라는 사실에 의해 의문시되었다. 그렇다면 우리는 지금 이 시대에 상호의존성, 상호 엮임(intertwinement), 그리고 신체의 침투성과 신체의 관계에 대해 어떻게 재고해볼 수 있을까? 달리 말해 이미 격렬하게 변화하고 있는 이 시대 그리고 이 세계는 어떻게 상호의존성, 상호 엮임, 그리고 신체의 침투성에 대해 반추해볼 수 있는 기회를 제공하는가? 더 나아가, 이와 같이 감각 경험을 조직하는 개념들, 견해들, 혹은 방식들은 우리에게 사회적 평등과 불평등을 이해할 새로운 방식을 제공해주는가? 내 생각인즉 사회성과 생존 적합성이라는 중첩되면서도 까다로운 이해들이 우리의 주요한 정치 개념들 중 몇몇을 수정할 수 있을 것이다. 우리가 전에는 몰랐을지라도 이제 이러한 질문을 하는 이가 그 질문 속에 연루되어 있다는 사실은 자명하며, 그 질문은 어느 정도는 학술적 탐구와 일상적 경험 모두를 아우르는 기존의 지평들을 넘어서 어떤 사유의 가능성을 열어젖힌다.

이 책의 서두에서 나는 음벰베를 인용하면서 세계와 행성 사이의 구분에 대해 언급했고 행성의 황폐화는 우리로 하여금 어떤 세계, 우리가 숨을 쉴 수 있는 어떤 공동의 세계를 상상하도록 해주는 행성적 전략을 요한다고 제안했다. 나는 또한 후설이 의식과 그 세계 사이의 어떤 연관 관계를, 앎이라는 경험의 구조라 할 수 있는 노에시스적인 지향성과 노에마적 지향성이라는 양극단 사이의 연관 관계를 구축했다고 언급한 바 있다. 나는 또한 셸러가 비극적인 것을 세계가 각인을 남기는 방식이자 세계가 경험의 한계들, 세계의 지평을 넘어서는 슬픔을 촉발하는 방식으로서 이해하고 객관적 세계에 대해 강조하면서 어떤 면에서는 초월적 주체의 지위를 끌어내리고자 했다고 언급했다. 이렇게 셸러는 그보다 몇 년 후에 글을 쓴 비트겐슈타인과 공명한다. 그러나 모리스 메를로퐁티(Maurice Merleau-Ponty)에 의해 상호 관계라는 사상은 의식이라는 구체적 속성에 비추어 전격적으로 무력화된다. 그에게 중요한 문제는 세계가 내가 아는 방식대로 구조화되어 있다는 것도 아니고 나의 앎의 양태가 세계를 적절하게 이해할 수 있는 방식대로 구조화되어 있다는 것도 아니다. 오히려 문제는 신체로서의 내가, 내가 알고자 하는, 이미 거기에 존재하고 보이고 움직이며 질료화(mattering)하는 세계의 일부라는 점이다. 지각된 신체의 공간적 한계는 그 고유의 범위와 모순되는데, 왜냐하면 지각된 신체는 언제나 이곳에도 저곳에도 존재하며, 고정되어 있기도 하고 이동하기도 하기 때문이다. 거기에 존재하는 것으로, 혹은 내 주위에 있는 것으로 추정되는 세계는 사실은 이미 내 안에, 그리고 내 위에 존재하고 있다. 세계가 나에게 들러붙어 있고 나에게 스며들어 있는 방식인 그러한 밀착의 형태를 회피하는 것은 결코 쉬운 일이 아니다. 나의 반영성, (만일 내가 볼 수 있다면) 나 스스로를 보거나 느낄 수 있는 바로 그 능력은 경험의 주체와 객체라는 양극단 사이를 왔다 갔다 하면서 진동한다. 「눈과 마음」에서 메를로퐁티는 이를 이렇게 표현하고 있다.

나의 신체는 보기도 하지만 동시에 보이기도 한다. 모든 사물을 바라보는 신체는 또한 그 자신을 바라볼 수 있고, 그 바라봄 안에서 바라본다는 것이 가진 권력의 "반대 면"을 인식할 수 있다. 보는 것은 보고 있는 자신을 보는 것이다. 신체는 만지고 있는 그 자신을 만진다. 그것은 그 자체로 보이고 감각된다. (…) 신체라는 것은 당혹감과 나르시시즘의, [자신이] 보고 있다는 것을 보는 자라는 내적으로 결속된, 그리고 감각되는 것 안에서 감각하고 있다는 내적으로 결속된 [투명함이 결여된] 자아이다. 따라서 사물들에 휩말린, 앞모습과 뒷모습을, 그리고 과거와 미래를 가진 자아인 것이다.●

● 버틀러가 인용하고 있는 저작은 「눈과 마음」의 영역본으로서 프랑스어 원전이 가진 복잡한 뉘앙스를 고려하지 않고 직역 중심으로 다소 단순하게 번역하고 있다. 특히 인용문에서 사용된 단어인 프랑스어 "inhérence"를 통해 메를로퐁티가 의미한 바는 감각 행위의 주체가 실은 그 행위를 하고 있는 자신을 감각하는 것을 인식한다는 뜻으로서, 신체의 경우 그와 같은 이중적인 상태 혹은 행위가 결합되어 있다는 것이다. 본 역서에서는 용어를 풀어서 '내적 결속'으로 의역했다. 역자가 참고한 프랑스어 원전은 다음과 같다. Maurice Merleau-Ponty, *L'oeil et l'esprit* (Paris: Gallimard 1964).

그는 이어서 다음과 같이 쓴다. "사물들은 (…) 그 살 속으로 새겨진다, 사물들은 신체의 온전한 정의의 일부분이다."[15]

그의 유작인『보이는 것과 보이지 않는 것』에서 메를로퐁티는 이보다 더 나아간다. 내가 무엇인가를 만질 수 있는 것은 전적으로 접촉 가능한 세계 덕분이다. 나는 언제 어떻게 처음 무엇인가를 만졌는지에 대한 이야기를 시작할 수 있을 것이라 가정하지만, 그러한 이야기를 기술하는 '나'는 분명 그 첫 접촉, 그 접촉/만짐의 장면보다 이후에 나타난다. 이 '나'는 언제나 나를 가능하게 하는 접촉의 장면을 따라가고, 아마도 허구와 공상을 통해서가 아니라면 내러티브의 재구성은 불가능하다. 접촉의 힘은 나에게서 비롯된 것이 아니다. 따라서 세계의 장(場) 혹은 차원으로 이해되는, 즉 세계가 보이는 방식인, 만질 수 있는 실체는 내가 무엇인가를 만질 때, 그리고 내가 나 자신의 접촉을 느낄 때, 혹은 다른 무엇인가를 만짐으로써 내 접촉을 다시금 더듬을 때 거기에 존재하게 된다. 내가 다른 사람을 만질 때, 나 자신의 살은 그 접촉의 순간부터 거추장스럽게 된다. 내가 그 접촉을 회피하길 바랄지라도 다른 이를 만지는 나 자신의 접촉을 피할 수 없다. 여기서 문제는 단순히 접촉의 이원적 장면이 상호 엮임을 수반한다는 것이 아니다. 그 접촉으로부터 교차 횡단하는 객체의 관계들과 자아의 관계들이

응축되는 일종의 장(場)으로 이해되는, 만질 수 있는 어떤 유형성(有形性)이, 바로 이러한 전도 가능성과 중첩됨에 의해 구성되는 유형성이 나타난다. 예를 들어 비록 내 신체가 여기 존재하며(팬데믹의 조건하에서 우리는 너무도 자주 갇힌 채로, 막혀 있는 곳 안에, 혹은 외부와 차단된 곳에 있다) 어디 다른 곳에 존재하지 않을지라도(신체가 다른 곳에 존재할 수 있는 경우들을 제외하고), 신체는 내가 만질 수 있거나 만지고 있는 대상들 안에서 여전히 존재한다. 왜냐하면 이 신체는 살(le chair)의 장(場)에 속하기 때문이다. 아니, 이 신체는 구별된 혹은 중첩하는 살의 세계에, 즉 그 세계 속 각각의 객체들이 연합된 것이 아니라 오히려 그것들의 차이들이 그 장 자체를 구성하는 세계에 속하기 때문이다. 살이란 역동적인 상호 연관의 관점에서 볼 때 바로 경계지어진 신체에 대한 이해라고 할 수 있다.

메를로퐁티 자신은 "객체들이 여기 혹은 지금 존재하는 것과 같은 의미에서 **여기** 혹은 **지금**이라고 말할 수는 없다"라는 주장을 동일하게 강조하고 있다. 비록 그가 "나는 항상 내 신체와 동일한 면에 존재한다"라고 쓰고 있기는 하지만, 내가 만지는 것은 타자들에 의해 만져지고 만져질 수 있는 객체들의 세계와 표면들을 열어젖힌다.[16] 비록 내가 그 통합에, 혹은 동일한 표면을 만졌거나 지금 만지고 있는, 혹은 미래에 분명 만지게 될 다른 이들과 함께하지는 않지만, 그럼에도 불구하고 그와 같이 다른 순간들은 서로를 포함하고, 상호 연결되어 있다. 비록 그 순간들이 누군가의 정신 속에서 시간적 혹은 개념적 통일체로서 요약될 수 없을지라도 말이다. 비극적인 것이 세계에 대해서 건설적인 무언가를 조명하거나 보여준다는 셸러의 주장과 그 맥을 같이하는 메를로퐁티는 행위가 그 가능성의 조건을 보여준다고 주장한다. 즉, 명명의 행위에서 명명 가능한 것이 드러나고, 보는 행위에서 보이는 것이 드러나며, 만지는 행위에서 만질 수 있는 실체가 우리에게 그 인상을 남긴다.

여기서 메를로퐁티는 상호주관성을 상호 엮임(entrelac)이라고 다시 쓴다.* 즉, 상호 연결과 상호 연관을 포함하는 개념이자 서로에게 영향을 미치는 요소들 사이를 명확하게 구분하는 것이 언제나 가능한 것은 아니라는 개념을 도입하고 있다. 예를 들어 타인의 접촉인즉 결국 내가 느끼는 것이고, 어떤 면에서 나는 만져짐이란 행위 속에서 나를 만지고 있는 것을 만지는 것이라 할 수 있다. 이렇게 모든 수동성(passivity)은 절대적인 것이 될 수가 없게 된다. 만일 내가 오직 만지는 것만을 하는 것으로, 그리고 그 상황에서 스스로를 유일한 행위자로서

───────────────

* 여기서 원문에는 "intersubjectively"라는 부사가 사용되었는데, 문맥상 비문이 확실하여 "intersubjectivity"(상호주관성)이라고 풀어서 번역했다.

상상한다면, 이와 같은 내 주장은 곧 그 힘을 잃게 되는데 왜냐하면 언제나 타자의 살에는 이러한 수용성(receptivity)이 존재하기 때문이다. 즉, 만진다는 바로 그 행위 속에서 만져지는 존재인 것이다. 수용성은 이미 역으로 만지는 것이다. 따라서 이와 같은 관점에서 능동성과 수동성이라는 양극단은 의식을 세계로부터 명확하게 분리하는 방법이 난해한 것과 마찬가지로 복잡한 문제가 된다. 신체와 그 감각들은 그러한 이분법적 대립을 넘어서 움직이는, 서로 얽힌(interlaced) 신체들에 대한 감각을 전달한다. 우리가 서로 관련된 방식들이 정확하게 우연적인 것은 아니다. 어떤 신체로 존재한다는 것은 타자들과, 객체들과, 표면들과, 그리고 우리가 들이마시고 내쉬는 공기, 그 어떤 이의 것도 아니지만 동시에 모두의 것이기도 한 공기를 포함한 원소들과 관련되어 있다는 것을 의미한다.

　나는 이와 같은 사유가 우리 시대에 있어 윤리적이면서도 동시에 정치적인 중요성을 갖고 있다고 제안한다. 왜냐하면 이러한 사고 방식은 독립된 신체 속에 고립되어 존재하며 각자 분리되어 있는 개인들의 존재론을 넘어서 나아가는 상호의존성을 이해하는 한 방식을 제공해주기 때문이다. 이것은 우리가 철학 이전에도 이미 알고 있는 것일 수도 있지만 현상학이 새롭게 나타나고 있는 우리 시대에 대한 이해를 보다 잘 설명해줄 수 있을 것 같다. 서로 엮여 있으며 상호의존적인 삶에 대한 개념화는 기후변화에 대한 보다 넓은 정치적 이해의 문제에도 적용되어야 한다. 현상학으로 향해 가는 노정에서 우리는 거주 가능한 세계라는 개념을 기후 파괴의 상황에 연관시킬 수 있다. 만일 생명이 우리를 통과하는 공기에, 그리고 자연과 노동 자원으로부터 기인하는 음식과 거소에 달려 있는 것이라면, 기후 파괴는 팬데믹과는 다른 방식으로 삶의 필요조건들의 문제를 전면에 부각시킨다.

팬데믹 상황에서, 그리고 위태로워진 기후변화의 현실하에서 공기, 물, 거소, 옷, 그리고 의료보험에의 접근은 단지 우리의 걱정거리인 것만이 아니다. 그것들은 생명의 필요조건들이자 우리가 앞으로 살아가기 위해 필요한 요소들인바, 깨끗한 물, 온전한 거처, 숨 쉬기에 적절한 공기, 의료보험에의 접근을 가지지 못해 고통받는 이들은 바로 가난한 이들이다. 때문에 결핍의 상황하에서 우리가 살 만한 삶을 살고 있느냐의 문제는 다름 아닌 긴급한 경제적 문제이다. 즉, 문제는 모든 사람들이 살아가는 데 필요한 의료 혜택과 거처와 충분히 깨끗한 물이 있는가이다. 그 문제가 가진 실존적 긴급성은 경제적 불안정성에 의해 고조되며, 그 불안정성은 현재 팬데믹의 상황하에서 더욱 심화되고 있다.

물론 인간은 살기 적합함의 한계에 대해 다른 경험들을 갖고 있다. 때문에 일련의 제한들과 함께 산다는 것이 가능한지의 여부는 우리가 어떻게 우리 삶의 필요조건들을 추정하는지에 달려 있다. '생존 적합성'은 결국 최소한의 요구 조건인 것이다. 예를 들어 우리는 **무엇이 나를 행복하게 할까**라고 질문하지 않는다. 우리는 또한 **어떤 종류의 삶이 나의 욕망들을 가장 확실하게 만족시킬까**라고 질문하지도 않는다. 우리는 오히려 계속 살아갈 수 있기 위해 우리의 삶 자체가 그저 견딜 만할 수 있는 방식으로 살기를 바란다. 달리 말하자면, 우리는 생명을 유지하고 지속할 수 있게 하는 삶의 필요조건들을 찾고 있는 것이다. 이를 다시 한번 달리 표현하자면, **살고자 하는 욕망을 가능하게 하는 삶의 조건들은 무엇인가**라는 질문이다. 왜냐하면 우리는 구금·점령·감금·고문·무국적 상태 등 삶을 제약하는 조건하에서 **이러한 조건하에서 삶을 살아갈 가치가 있을까**라고 질문할 수 있다는 것을 잘 알고 있기 때문이다. 몇몇 경우에서 살고자 하는 욕망은 소멸되고 사람들은 스스로 생을 마감하거나 보다 느리게 진행되는 폭력에 의해 보다 느린 형태의 죽음에 굴복하기도 한다.

　지금 내가 처한 생활의 제약들은 나 자신의 생명뿐만 아니라 다른 이들의 생명도 보호하는 것들이기에 팬데믹은 분명히 윤리적인 문제들을 제기하고 있다. 우리의 생명은 서로 한데 얽혀 있다. 아니 달리 말해, 상호 엮여 있는 것이다. 제약들은 내가 특정한 방식으로 행동하지 못하도록 강제하지만, 동시에 내가 받아들여야 하는 상호 연결된 세계라는 비전을 펼쳐준다. 만일 그러한 제약들이 인간처럼 말을 할 수 있다면, 그것들은 나에게 내가 살고 있는 이 삶을 다른 삶들과 연결되어 있는 것으로서 이해하고, 이와 같은 '서로 연결되어 있음'을 내가 누구인지에 대한 근본적인 특성으로 여기라고 요청할 것이다. 나는 경계지어진 생물로서 외부로부터 온전하게 봉인되어 있는 독립자가 아니다. 나는 다른 이들의 폐를 통과하여 순환해온 공기를 들이마시는 공유의 세계 속에서 다시 내 숨을 내뿜고 있는 것이다. 내가 여러 장소들을 방문하는 것이 허락되지 않는 이유는 나 자신을 보호하기 위해서이자 다른 이들을 보호하기 위해서이다. 즉, 그러한 제한들은 내 생명을 앗아갈 수 있는 바이러스에 내가 전염되는 것을 차단할 뿐만 아니라 내가 보유하고 있는지도 모를 수 있는, 그리고 다른 이들의 생명을 쇠약하게 하거나 앗아갈 수도 있는 바이러스를 옮기는 것을 방지한다. 달리 말해 나는 죽지 않기를, 그리고 다른 이들을 질병 혹은 죽음의 위험에 빠뜨리지 않기를 요구받고 있는 것이다. 이와 동일한 종류의 행동들은 동일한 종류의 위험성을 지니고 있다. 따라서 나는 그러한 요구에 따를지 따르지 않을

지를 결정해야만 한다. 그러한 요구의 양 측면을 이해하고 받아들이기 위해 나는 나 자신이 바이러스를 옮길 수 있는 존재임과 동시에 바이러스에 감염될 수 있는 사람임을, 따라서 영향을 주는 동시에 영향을 받는 존재임을 이해해야만 한다. 이러한 양극단의 그 어느 한쪽에서도 우리는 벗어날 수 없으며, 들숨과 날숨이라는 호흡이 가진 두가지 차원과 관련된 위험성에서도 우리는 자유로워질 수 없다. 마치 나는 다른 이들에게 해를 끼치거나 그들로부터 피해를 입을 수 있을 가능성을 통해 타자와 연결되어 있는 것만 같다. 팬데믹이 만들어내는 윤리적 딜레마 혹은 윤리적 방향성은 나의 생명과 다른 이들의 생명은 우리 각자가 어떻게 행동하느냐에 달려 있음을 인식하는 것에 좌우된다는 사실을 이해함으로써 시작된다. 따라서 적어도 잠재적으로는 나의 행동은 너의 생명을 지탱하고 있고, 너의 행동은 나의 생명을 지탱하고 있는 것이다. 내가 만약 미국처럼 일상에서 도덕적 선택을 할 때 자기 이익이 결정을 좌우하는 국가 출신이고, 내가 그 국가의 특권층 시민이라면, 나는 나 자신의 이익을 위해 행동하는 데 익숙할 것이고 타인에 대한 배려가 어떻게 작동하는지, 작동할 수 있는지를 결정하는 데 익숙할 것이다. 그러나 팬데믹하의 윤리적 패러다임 속에서 나 또는 네가 서로와 관계를 맺는 가장 좋은 방법에 대해 고민하기 훨씬 이전부터 나는 이미 너와 연관되어 있고, 너는 이미 나에게 연관되어 있다. 우리는 의도적으로 그렇게 하려고 하지 않아도 분명 서로의 신체 안에 존재하는 것이다. 만일 그렇지 않다면 우리는 공포를 느끼지 않을 것이다. 우리는 공기와 표면을 공유하고 있고, 우연히 혹은 의도적이거나 상호 합의하에 서로를 스친다. 우리는 비행기 안에서 우연히 근처에 앉게 된 모르는 사람들일 수도 있고, 내가 포장한 소포를 네가 열거나 운송할 수도 있으며, 내가 문을 열고 너와 대면하는 순간 너는 그 소포를 내 집 문 앞에 내려놓고 있는 중일 수도 있다. 오늘날 팽배해 있는 자기 이익의 틀에 따르자면 우리는 마치 우리의 개별적 생명이 우선이며 그러고 나서야 우리의 사회적 책무를 결정해야 하는 것처럼 행동하는데 이는 수많은 도덕철학을 지원하는 자유주의적 사고이다. 어떤 면에서 우리는 우리를 구속하는 계약들 이전에 그리고 그 계약들 바깥에 존재한다. 그리고 우리가 그러한 계약들 속으로 진입할 때 우리의 개인성과 무한의 자유를 포기한다. 그런데 정신분석학이 주장하는 대로 그것이 분명 나중에 형성되는 것임에도, 그리고 그것이 기껏해야 별 것 아닌 성취임에도 왜 처음부터 개인성을 당연한 것으로서 여길까? 만일 우리가 **내 삶은 어떻게 그리고 언제 처음 독립된 삶으로서 여겨지는가**라고 질문한다면, 우리는 그 질문 자체가 이미 어떤 답을 하고 있음을 알게 된다. 개인성은 일종의 상상된 지위로서 명확히 사회적인 형태의 상상계에 의존하고 있다. 사실, 유아기의 초기 단계는 발달 초기의 무력함으로 특징지어진다. 유아의 생존은 영양·거소·온기 등을 보장해주는 돌봄의 물질 및 행위 등에 달려 있다. 음식과 잠과 거소의 문제는 우리의 생명, 생명의 생존 적합성의 문제로부터 결코 분리될 수 없다. 우리 중 그 누구라도 독립된 '나'에 대한 상상을 포함하는 삶을 시작하기 위해서는 그러한 요소들이 최소한이나마 갖춰져야만 한다. 그러나 만일 어느날 우리 중 누군가가 우리는 단수의 개인이고, 타자들과는 다르며, 그들로부터 공간적으로 고립되어 있는 존재이고, 단지 서로 떨어져 있는 것이 아니라 **별개인 것**이라고 결론을 내린다면, 타인에 대한, 생존 조건들에 대한, 그리고 우리가 스스로에게 줄 수 없는 그 모든 것들에 대한 의존성은 무시되어야만 할 것이다. 모든 개체화(individuation)는 마치 그것이 극복 가능한 것인 양 혹은 이미 극복된 것인 양 상상되는 의존성에 사로잡혀 있다.• 그러나 팬데믹 상황에서 완전히 고립되고 혼자 지내고 있는 개인들은 가장 위험에 처한 이들에 속한다. 접촉 없이 혹은 접촉됨 없

• "individuation"은 맥락상 '개별 인격화' 정도로 의역하는 것이 맞겠으나 철학에서 일반적으로 번역하는 용례에 따라 '개체화'로 번역했다.

이, 모두가 공유하는 숨 쉬기 없이 어떻게 살 수 있을까? 그것은 살 만한 것일까? 만일 내 '삶'이 처음부터 그저 모호하게만 나의 것이라면, 사회적 상호의존성의 장은 처음부터 대두되는 것이며, 이는 도덕적 행위에 대한 혹은 (모든 계약이 자발적인 것은 아니므로) 자발적으로 맺은 사회계약이 주는 이득에 대한 그 어떤 고려보다 먼저 나타나는 것이다. **나는 어떻게 해야 하나** 혹은 심지어 **이 삶을 어떻게 살아야 하나**와 같은 질문은 스스로 그리고 그 자체로 질문을 하고 있는 '나'와 '삶'을 전제로 하고 있다. 그러나 만일 우리가 그 '나'가 언제나 여러 다른 존재들이 또한 거주하는 곳이고 삶은 언제나 다른 삶과 다른 생명 형태들에 연루되어 있다는 사실을 인정한다면, 그와 같은 도덕적 질문들은 어떻게 바뀔까? 그러한 질문들은 팬데믹의 상황하에서 이미 어떻게 바뀌었는가?

물론 우리가 이 삶에 대해서 말할 때 경계지어진 별개의 개인적 삶과 그 유한성에 대해서 말하고 있는 것이라는 전제를 뒤흔들기란 어려운 일이다. 그 어느 누구도 나 대신 죽을 수 없다. 그 어느 누구도 심지어 나 대신 화장실에 갈 수는 없는 노릇이다! 나아가 삶을 살 만하게 만드는 것은 그 어떤 다른 삶이 아닌 바로 이 삶에 관련된 일종의 개인적 문제인 것만 같다. 그러나 내가 무엇이 '삶'을 살 만하도록 만드는가에 대해 물을 때 나는 우리가 공유하는 어떤 조건들이 인간 삶을 살 만하도록 만든다는 사실을 인정하는 것 같다. 만일 그렇다면, 적어도 나 자신의 삶을 살 만하도록 만드는 것의 일부는 다른 삶을 살 만하도록 만드는 것이며, 그렇다면 나는 나 자신의 안녕의 문제를 타자들의 안녕의 문제로부터 온전히 분리할 수 없는 일이다. 바이러스는 다르게 생각하도록 허용하지 않는다. 물론 수많은 추종자들을 거느리는 몇몇 악명 높은 정부 관료들이 그랬듯이 우리가 바이러스에 대해서 알고 있는 바를 외면하지 않는다면 말이다. 만일 팬데믹이 우리가 배워야 할 보다 큰 차원의 사회적·윤리적 교훈을 주고 있다면, 내 주장은 곧 다음과 같다: 무엇이 삶을 살 만하도록 만드는가라는 물음은 우리가 살고 있는 삶이 결코 배타적으로 우리만의 것이 아니며, 단지 나만을 위한 것이 아니라 여러 삶들, 즉 보다 일반적인 삶의 과정들을 위해 살 만한 삶을 만드는 조건들이 보장되어야만 한다는 사실을 절절하게 보여준다. 그러한 조건들은 만일 나의 신체를 기술하는, 혹은 나의 개인성을 가정하는 사적 속성(personal property)의 범주가 일종의 방법론으로서 받아들여진다면 이해할 수 없는 것들이다.* 지금 현재의 '나'는 또한 어

---

* 이 문장에서 "personal property"는 사유재산의 의미와 개개인의 사적인 속성이라는 의미를 모두 갖고 있다.

떤 면에서는 '우리'이기도 하다. 우리 삶을 감각하는 이와 같은 두가지 방법이 심지어 갈등 관계의 양상을 보일지라도 말이다. 만일 정녕 내 소유인 것이 지금 이 삶이라면, 이 삶은 나 자신만의 것으로 보일 것이며, 정체성의 논리가 그 의기양양한 동어반복으로 논쟁에서 승리한 것만 같을 것이다. 그러나 만일 나의 삶이 결코 온전히 나 자신의 것이 아니라면, 만일 삶이 우리가 서로와 공유하는 조건과 궤도를 명명하는 것이라면, 그렇다면 삶은 나의 자기중심주의를 잃어버리는 곳이자 내 체현(體現)의 침투 가능한 속성을 발견하는 장소인 것이다. '나의 삶'이라는 표현은 사실 동시에 두가지 방향으로 나아가는 경향이 있다. 즉, 하나는 단수이자 대체할 수 없는 삶, 그리고 또 하나는 다른 인간과 동물의 생명을 비롯한 다양한 생명 체계 및 네트워크와 공유하고 있는 삶이다. 살기 위해서 나는 살아가고 있는 다른 생명체들과 다른 존재들을 요한다. 즉, 나는 그것들이 없다면 아무것도 아닌 존재인 것이다. 내가 제안하는 바는 이 삶은 내가 삶을 시작하기도 전에, 그리고 내가 살아갈 수 있는 존재가 되기도 전에 이미 여러 다른 존재들이 빽빽하게 밀집해 있는 곳이라는 점이다. 타자들은 나보다 앞서 존재하며, 어느 정도는 나를 이미 기다리고 있다. 그리고 그들의 존재가 보여주는 초기 효과들, 말하자면 사랑의 침범 작용은 결국 '나'라고 스스로를 지칭하게 될 이 사람을 형성하기 시작한다. 때문에 '나'는 타자들의 지지와 그들과의 동행이 없이는, 삶의 과정들을 통하지 않고서는, 그리고 살아 있는 생물들이 의존하고 있고 필수적으로 연결되어 있는 사회적 기제들을 통하지 않고서는 결코 존재할 수 없다. 타자들의 욕망과 행동들, 그들이 나를 다루거나 무시하는 방식들은 기쁨과 고통을 가져오고, 때론 상실에 고통받게 하며, 상실에 대한 회복을 갈망하게 하는 일종의 세속적인 결속을 만들어내면서 나를 움직이게 하고, 나에게 형태를 부여하며 나를 욕망이 있고 행동할 수 있는 사람으로서 각인하고 확립한다. 나는 만져지지 않고, 다루어지지 않고, 유지되지 않고서는 존재할 수 없으며, 나는 그러한 실천들의 도가니 속에서 형성되지 않고서는 만지거나 다루거나 유지할 수 없다. 그리하여 접촉의 환경들이 상실될 때, 받아들이고 행동하기 위한 능력들이 오랜 시간에 걸쳐 겹겹이 쌓여 있는, 살아 있는 생명체로서의 우리를 지탱하는 것에 대한 근본적인 감각 또한 상실된다.

바이러스의 유행에 의해 특정한 생명과 삶의 조건들은 헐벗은 것이 되어버렸기에, 우리는 이제 지구와 그리고 서로와 맺는 관계를 지속 가능한 것으로서 이해하게 되었다. 아울러 우리 스스로를 자기 이익에 의해 움직이는 분리된 개체가 아니라 세계의 파괴, 그리고 계산할 수 없는 가치를 지닌 것들의 파괴에 대항하여 투쟁하는 집단적인 결기를 요구하는 이 세계에서 함께 복잡하게 얽혀 있는 존재로서 이해하는 기회를, 즉 비극적인 것에 대한 궁극적인 감각을 갖게 되었다.

2장

펜데믹 시대의 권력들

생활의 제약에 대한 단상

그렇다면 우리는 이 시대에 상호의존성, 상호 엮임, 그리고 침투성의 신체적 관계들에 대해 어떻게 다시 사유해볼 수 있을까? 그리고 신체의 상호의존성이란 맥락에서 사회적 평등과 불평등의 의미를 수정할 방법은 있는 것일까? 신체의 상호의존성을 고려하여 평등을 다시 사유하는 것은 어떤 차이를 만들어낼 수 있을까? 환경 파괴와 제도적 인종차별을 고려할 때, 우리는 사회성과 살 만한 삶에 대한 가능성이라는 까다롭고도 중첩되는 감각들이 몇몇 주요한 정치 개념들을 수정하는 방법에 대해 조명할 수 있을지를 물어볼 수밖에 없다.

나는 앞서 행성의 황폐화가 우리로 하여금 숨 쉴 수 있는 어떤 공동의 세계를 상상하도록 만든다고 주장한 음벰베를 인용하면서 세계와 행성 사이의 구분에 대해 간략하게 언급했다. 팬데믹과 기후변화 사이의 관계에 대해서는 많은 관심이 있어왔다. 어떤 이들은 기후변화가 팬데믹을 가능하게 한 요인이라 주장했고 또다른 이들은 우리가 팬데믹으로부터 기후 파괴에 저항할 수 있는 몇몇 교훈들을 배울 수 있다고 제안하기도 했다.[1]

팬데믹 시대 삶과 노동의 경향들●

기후변화가 팬데믹에 직접적으로 혹은 간접적으로 영향을 미쳤는지에 대한 논쟁으로 들어가지는 않겠지만, 나는 팬데믹을 반드시 기후변화의 와중에 발생한 전지구적 상태로 자리매김해야 한다고 생각한다. 왜냐하면 팬데믹과 기후변화 모두 전지구적 상호의존성에 대한 감각을 생사의 문제로 중요시하기 때문이다. 이런 논의에 세계에 대한 어떠한 감각을 끌어오든지 간에 이 논의는 적어도 부분적으로는 지속되는 환경 파괴 문제에 의해 굴절될 수밖에 없다. 즉, 가난한 지역의 안전하

● 본 소제목에서 버틀러가 쓴 단어는 "climate"으로 이 단어는 일반적으로 기후변화를 말할 때의 기후의 의미와 경향, 전망, 풍조, 풍토 등의 의미를 포함하는 중의적인 단어이다.

지 않은 상수원과, 불확실한 수입을 가진 이들이 겪는 퇴거조치의 증가 등에서 볼 수 있듯이 우리는 환경적 인종차별 한가운데에 있는 와중에 팬데믹의 상황에 처해 살고 있다. 기후변화와 고삐 풀린 자본주의의 조건하에서 이미 위태로워진 공기, 물, 주거, 식량의 관계는 팬데믹 상황하에서 더더욱 심각한 것으로 드러나고 있다. 팬데믹과 기후변화는 각기 다른 상황이지만, 서로 연결되었으며 현재 더 심화되고 있다. 팬데믹과 기후변화의 구조들은 사라지지 않고 강화된 것이다. 한편으로 여행 및 경제 활동의 중단은 바다와 대기가 환경 독소에 의한 장기적인 오염으로부터 회복되도록 해주었다. 다른 한편으로, 우리는 생산이 다시 증대되기 전 그저 잠시 동안만 환경 재생 혹은 회복이 어떤 정도일 수 있는지를 목도한 것뿐이다. 그럼에도 팬데믹은 생산을 축소할 때, 여행이 줄어들 때, 탄소 배출과 인간이 환경에 미치는 영향이 감소하거나 사라질 때 자연 세계가 어떻게 재생할 수 있는지를 명확하게 보여주었다.

이상적으로는, 나는 우리 삶이 가진 상호 연결된 속성을, 의료보험을 비롯한 세계를 급진적 평등의 원칙에 입각하여 정비해야만 한다는 책무에 연결하고 싶다. 격리가 오랜 기간 시행된 지역에서 봉쇄 이후 "세계를 다시 열자"라는 관점을 채택했고 이때 제기되는 경제를 재개할 것인가의 질문은 경제의 재개가 많은 사람에게 질병이나 죽음을 일으키지 않을 것이라고 가정한다. 가장 악명 높은 실례로, 2022년 봄, 보리스 존슨(Boris Johnson)이 이끄는 영국 정부를 비롯한 몇몇 정부는 팬데믹은 끝났다고 선언하거나 모든 예방조치들을 폐지해야 한다고 주장했다. 그러나 그러한 결정들은 스스로 알아서 격리하거나 혹은 자신들의 생명의 위험을 감수해야 하는 소위 폐기가능한 인구를 확립하는 결과를 낳았다. 이러한 인구에는 자가면역질환, 당뇨병, 폐질환, 그리고 나이 때문에 혹은 백신을 구할 수 없어서 충분한 항체를 가지지 못하게 된 이들이 포함된다. 마스크 착용과 가끔 겪게 되는 격리를 거부하는 결정은 모두 어떤 이들은 병들어 죽게 될 것이라는 사실을 방법론으로 가정하며, 나아가 그것은 경제를 개방하고 다시 활성화하기 위해 치러야 할 작은 희생일 뿐이라고 주장한다. 물론 경제를 개방하는 것은 가난한 이들 혹은 고용이 되지 않아 가난이나 빚의 굴레에 빠져야 하는 이들을 위해서 중요한 일이다. 그러나 그들이 떠안게 될 위험은 무엇일까? 실로 많은 노동자들은 다음과 같은 질문에 직면했다: '생계를 유지'하는 것이 나를 죽게 하더라도 나는 '생계를 유지하기' 위해 일을 계속해야 하는가? 이는 일하느냐 죽느냐의 문제가 아니라 일의 결과로서의 죽음이라는 문제이다. 일하는 것이 정확히 우리가 살기 위해 필요한 것일 때에도 말이다. 여기서 발생하는 모순은 맑스(Karl Marx)가 오래전에 지적한 것이지만, 맑스에게 이와 같은 모순의 조건은 자본주의였지 팬데믹이 아니었다(비록 그의 저작 역사 대부분에서 팬데믹이 배경으로 존재하긴 했지만 말이다). 자본주의하에서 노동자는 자신과 자신의 가족이 생계를 유지할 수 있도록 임금을 벌기 위해 일한다. 그러나 노동자의 건강을 지켜주지 않는 환경하에서 일함으로써 노동자는 자신의 생명을 위태롭게 한다. 또 신체를 마모시킬 정도로 오랜 시간 일함으로써 노동자는 상해와 질병을 얻고 결국 노동자로서 불능 상태에 빠지게 된다. 달리 말해, 그와 같은 환경하에서 노동함으로써 노동자는 더이상 노동할 수 없게 되고 자신과 가족 혹은 피부양자들에게 필요한 양식을 더이상 제공할 수 없게 된다. 이 말인즉, 노동을 함으로써 노동자는 살 만한 삶을 위한 환경을 갖추는 것이 아니라 오히려 죽음에 가깝게 다가가거나 혹은 죽는다는 것이다. 맑스에 따르면 자본주의의 붕괴만이 이러한 모순을 해결할 수 있으며, 이를 우리가 사는 현재에 대입하자면, 적절한 연봉의 보장과 사회주의적 이상들의 재생만이 이러한 모순을 해결할 수 있을 것이다. 실로 수입이 보장된다면 그 어떤 노동자도 살기 위해 위험한 환경하에서 노동할 필요가 없을 것이다. 그런 불안함을 갖고 살아가는 것은 살 만한 삶이 아니다. 그것은 공정한, 혹은 삶을 지탱해주는 공동의 삶(common life)의 조직이 아니다.

팬데믹은 기후변화와 환경 파괴라는 맥락 안에서, 그리고 노동자들의 생명을 폐기 가능한 것으로 치부하는 자본주의의 규약 안에서 발생한다. 맑스가 노동자의 사투에 대해 기술한 이후로 시대는 변했다. 이제 우리 중 일부에게는 사회복지 혜택과 더불어 의료보험과 일터에서의 안전 대책이 보장되어 있다. 그러나 광범위한 다수의 사람들에게는 의료보험이 제공되지 않으며 의료보험을 갖추고자 하는 노력은 너무도 자주 실패로 끝난다.* 예를 들어 미국의 경우 팬데믹 상황하에서 누구의 생명이 가장 위태로워졌는가를 묻는다면 가난한 이들, 흑인 공동체, 최근 이주해 온 이들, 수감된 이들, 면역저하자들을 꼽을 수 있을 것이다. 상거래 영업이 재개되고 산업 또한 재개됨에 따라, 혹은 재개되었다가 다시 빠르게 닫히고 있는 이 상황에서, 수많은 노동자들을 바이러스로부터 보호할 수 있는 길이 없다. 의료보험을 가질 수조차 없었거나 혹은 인종차별의 희생양이 된 이들에게는 제때 처치하면 치료할 수 있었을 병도 결국 '만성 질병'이 되어버리며, 이러한 상황은 결국 그들을 질

• 이미 잘 알려진 바대로 미국의 경우 현재 국가 혹은 공공 의료보험 제도가 존재하지 않고, 의료보험 시장이 민영화되어 있다.

병과 죽음에 더 취약하게 만든다. 적어도 2021년 여름에 이르기까지 다수의 국가들은 여전히 백신을 전혀 보유하지 못했으며, 그러한 국가 중 대부분은 아프리카의 국가들이었다. 이러한 전지구적 불평등은 2022년 부룬디, 탄자니아, 콩고 민주공화국, 그리고 아이티에서의 참담할 정도로 낮은 백신 접종 비율에 여실히 반영되어 있다.

'건실한 경제'가 '인구의 보건'보다 중요하다고 믿는 이들은 이윤과 부가 결국 인간의 생명보다 더 중요하다는 믿음을 지지하는 이들이다. 어떤 이들은 죽어야만 한다고 여기고 그러한 위험성을 계산하고 있는 이들은 암묵적으로든 노골적으로든 경제를 위해서 결국 인간의 생명이 희생될 것이라고 결론 내린다. 팬데믹 기간 내내 어떤 이들은 저임금 노동자들을 위해 산업 전반과 일터가 열려 있어야 한다고 주장했다. 그런데 만일 감염율이 가장 높은 지역의 일터에서 희생당할 이들이 다름 아닌 바로 그 저임금 노동자들이라면, 우리는 다시금 맑스가 200년 전에 그려냈던 근본적 모순 상태로 되돌려지는 것이다.[2] 우리는 저임금 노동자들의 삶을 지속시키기 위해 경제를 연다. 혹은 계속 경제가 활성화된 상태로 둔다. 하지만 바로 그 저임금 노동자들은 경제를 재개함에 따라 삶이 폐기 가능한 것으로 치부되는 이들이자, 자신의 일이 다른 노동자에 의해 대체 가능해지는 이들이자, 자신의 생명이 단수의 귀중한 생명으로서 여겨지지 않는 이들인 것이다. 달리 말해, 팬데믹 상황하에서 노동자는 살기 위해 일하러 가지만 바로 그 일이 바로 그 노동자의 죽음을 재촉한다. 노동자는 자신의 폐기 가능성과 대체 가능성을 깨닫게 된다. 그러한 논리에 따르면, 경제의 건실함은 노동자의 건강보다 더 중요하다. 이로써 자본주의의 오래된 모순은 팬데믹의 상황하에서 새로운 형태로 거듭나고 있는 것이다.

정책 결정자들이 2021년, 2022년에 경제 재개에 드는 비용을 추정했을 때 그들은 이 결정으로 많은 이들이 죽을 것이고, 질병과 죽음에 불균형적으로 더 많이 노출되어 있는 사람들은 바로 적절한 의료보험 혜택이 없을 뿐만 아니라 일을 하지 않으면 안되는 이들이라는 것을 알았다. 혹은 수감되어 있는 이들이나 국경에 억류되어 있는 이들도 있는데 그들은 이동할 권한이 없으며 심지어 다른 이들로부터 떨어질 권한도 갖고 있지 않다. 사회적 거리두기는 일종의 특권이다. 모든 이들이 그러한 공간적 환경조건을 만들 수는 없다. 많은 사람들이 밀접한 거리에서 살아야만 하는 수용소나 보호시설의 경우 자신의 건강을 지키기 위한 환경적 조건은 아예 존재하지 않는다 미국 내 흑인 및 갈색 피부 인종, 그리고 전세계 모든 곳의 가난한 이들이 팬데믹하에서 스러져감에 따라 구조적 형태의 인종차별이 보다 명백해지고 있다. 우리는 셈법이 작동하는 것을 본다. 얼마나 많은 생명이 없어져도 될 만한가? 누구의 생명이 없어져도 될 만한가? 누구의 생명이 처음부터 결코 보호될 가치가 없는 것으로 여겨졌는가?

이와 동일한 질문들 중 몇몇은, 많은 흑인들과 갈색 피부 인종 공동체들이 적절한 의료보험을 가지지 못하거나 아니면 상실하게 되어 고통받던 바로 그 순간에, '흑인의 생명도 소중하다' 운동의 중심에 자리해왔다. 조지 플로이드(George Floyd)의 살해는 그간 미국 경찰에 의해 살해된 흑인들의 길고도 긴 명단과 함께 이미 팽배했던 위기감을 격화시키고 동시에 그 방향을 전환시켰다. 그저 또다른 흑인의 생명이 폭력적인 경찰력에 의해 스러졌기 때문만이 아니라, 플로이드의 살해라는 참상은 백인우월주의의 파렴치한 전시이자 휴대폰 동영상으로 적나라하게 상연된 흑인에 대한 린치의 부활이었기 때문이다. 흑인을 목매달았던 예전의 린치와 마찬가지로 플로이드의 살해 역시 여전히 목을 조이는 것이었고, 질식을 통해 생명을 앗아간 것이었다. 세대를 이어온 형태와 현재적 형태에 있어 흑인들의 집단적 트라우마는 과소평가될 수 없다. 적절한 의료보험이 없거나 의료보험 자체를 가지지 못하거나 혹은 너무 비싸기에 신종 코로나바이러스로 수많은 흑인의 생명이 스러져 간 지금의 경우 특히 더욱 그러하다. 유색인종 공동체에서의 불균형적인 죽음의 숫자는 제대로 작동되지 않는 냉혹한 의료 보험 체계 안에서의 구조적 인종차별을 보다 일반적인 차원에서 보여주고 있다. 제대로 된 치료를 통해 구할 수도 있었을 생명들의 상실을 애도하는 바로 그 공동체가 동시에 거리에서 흑인의 신체에 가해지는 경찰 폭력으로부터 고통받고 있다. 미셸 푸코(Michel Foucault)가 다른 이의 생명을 빼앗는 것과 죽도록 내버려두는 것 사이에는 어떠한 차이가 있다는 사실을 사유했던 것과 마찬가지로, 우리는 생명을 앗아가는 경찰 폭력이 죽음이 일어나도록 방치하는 의료보험 체계와 함께 작동하고 있음을 알 수 있다. 이와 같은 두가지 폭력을 연결하는 것은 다름 아닌 구조적 인종차별이다.

나는 이 두가지가 서로 경쟁하는 위기라거나 서로 다투는 재난이라는 것을 믿지 않는다. 그것들은 함께 연결되어 있다. 흑인과 갈색 피부 인종 공동체를 돌보지 않는 의료보험 체계에서 우리가 발견하는 구조적인 인종차별은, 의료를 모든 이들이 그 권리를 주장할 수 있는 공공재로서 시행하지 않기 때문에 나타난다. 돈이 있는 다른 이들이 집에 머무르며 상점들로부터 떨어져 있을 수 있도록 흑인과 갈색 피부 인종의 인민들이 서비스업에 종사해야만 한다는 요구는, 근무조건이 위험하더라도 임금을 벌기 위해서는 일해야만 한다고 요구하는 시스템으로부터 나온다. 이는 노동자가 경제적 결핍과 심각한 질병 중 한쪽을 선택하지 않아도 되는 국가기본소득으로 논박되어야 할 것이다.

우리가 짧은 기간이나마 다음과 같이 생각했다면, 이는 틀린 생각이었을 수도 있다. 즉, 팬데믹이 강력한 평등화의 도구로서 기능할 수 있고, 보다 실질적인 평등과 보다 급진적 형태의 정의를 상상할 수 있는 계기가 될 것이라는 생각 말이다. 우리가 완전히 틀린 것은 아닐 수 있지만, 우리가 상상한 세계를 실현하기 위한 준비가 되어 있지 않았던 것도 사실이다. 한가지 문제는 세계를 재구축하자는 생각을 북돋워주는 그 열망은 세계를 일종의 하얀 백지로, 즉 어떤 새로운 시작으로 여긴다는 것이다. 그 새로운 것이 그것과 함께 이미 축적된 역사를 함께 가져오지는 않는지, 새로운 시작들이 진정 과거와 완전히 결별하는 것인지, 혹은 결별할 수나 있는지 등을 질문하지 않고 말이다. 좀더 심오한 또다른 문제는 주류 공공담론에서 경제가 매우 빠르게 세계를 대체하게 되었다는 것이다. '건실한 경제'는 '인민의 보건'보다 더 가치있고 긴급한 것으로 이해되고 있다. 실로, 보건을 경제 덕택으로 돌리는 것은 경제를 일종의 인간 신체로서, 어떤 유기체로서, 심지어 인간 생명의 상실을 수반할지라도 그 어떤 희생을 치르고서라도 그 생명과 성장을 유지시켜야 하는 것으로서 여긴다. 그러나 보건을 경제로 치환하는 것은 단지 인간의 특질을 시장으로 전이하는 것만이 아니다. 그것은 건실한 경제를 확립하기 위해 말 그대로 살아 있는 신체로부터 건강을 뽑아 고갈시키는 것이다. 이는 팬데믹 시대에 표면화되고 있는바 자본주의 논리 속 치명적 전치(轉置)와 전도(轉倒)의 형태로 존재해왔다.

만일 의인화된 경제의 건강이 노동자, 소수자, 가난한 이들, 면역저하자들의 건강을 대가로 도래하는 것이라면, 경제의 '건강'이라는 형상은 그것이 경제를 생명 유기체의 형태로서 표상하는 것처럼 신체들로부터 '생명'을 그저 차용해오는 것만이 아니다. 그것은 생명을 앗아가고 생명을 고갈시키며 그 생명들을 기꺼이 희생시키고자 한다. 그런 점에서 그것은 생명을 앗아가는 비유법이라고 할 수 있다. 경제적 셈법에 의한 비용-이윤 모델이 주는 그릇된 위안은 그것이 신체의 건강과 생명을 숫자로, 비율로, 그리고 도표상의 곡선으로 대체한다는 것이다. 그러나 도표상의 곡선은 살아 있는 신체에 대한 단순한 표상이 아니라, 적어도 이 맥락에서는, 신체를 삭제하는 수단이 된다. 도표상의 기호와 숫자는 얼마나 많은 이들이 혹은 얼마나 적은 수의 사람들이 사망했는지를 우리에게 보여주기 위함이며, 만일 곡선이 평평해진다면 그저 그 정도 숫자의 사람들만 사망했기 때문에 환호해야만 하는 것이다. 물론 그것은 긍정적인 뉴스로 보도된다. 현재의 경우에서 보듯, 그러한 보도는 시장경제를 재개하기 위한 알리바이를 제공해왔고 그에 따라 바이러스와 그 새로운 변이체들이 다시 활개를 치고 있다. 그런 식으로 도표상의 곡선은 그것이 표상하기로 되어 있는 삶과 죽음들을 위태롭게 하고 있는 것이다. 그러한 곡선의 목적은 우리가 적절하다고 여길 수 있는 수준의 질병과 죽음을, 적절한 수준의 사망자수를, 우리가 생활할 수 있는 지평선을 언제 어떻게 연장해낼지, 시장을 계속 열기 위해 우리가 기꺼이 감내하며 살 수 있는 사망자 숫자 등을 설정해내는 것이다. 표상으로서의 도표는 그러한 죽음들을 말끔하게 소거하여 보여주거나 그 일반적이고 말끔한 소거행위를 은유하는데, 이는 죽음의 정치(necropolitics)*의 계획을 위해 건강의 비유를 차용하는 또다른 예로서 자본주의 기계의 핵심에서 죽음욕동(death drive)이 활개치는 것을 놀라우리만치 생생한 방식으로

---

* "necropolitics"는 어원상, 그리고 신체의 죽음에 방점을 찍는 그 의미상 '시신정치'에 더 가까운 말이지만 본 번역본에서는 어감상 이해가 더 쉬운 '죽음의 정치'로 일괄 통일하여 번역했다.

보여주고 있다. 다만 그것은 별도의 기획이다.

걱정 마시라. 나는 살아 있는 신체가 표상을 요하지 않는다고 주장하는 것이 아니다. 더욱이 나는 우리에겐 도표가 필요 없다고 주장하는 것도 아니다. 우리는 분명 그것들을 필요로 한다. 신체적인 삶은 실제로 무엇이 삶에 필요한 것들인지를 밝혀주는 표상들에 의존하고 있다. 그럼에도 의문이 남는다. 어떤 표상들이 그러할까? 나는 형상들이 살해를 한다고 주장하는 것이 아니다. 그렇지만 그것들이 죽음을 소거하고 부인함으로써 폭력을 재생산하는 폭력의 궤도를 보여주고 있다는 것만은 확실하다. 만일 세계가 경제에 의해 대체된다면, 그리고 (시장경제로서 그리고 금융 경제로서 이해되는) 경제가 모종의 보건 위기를 겪는다면, 다시 일터로 나가고, 사업을 위해 경제를 재개하고, 교회와 헬스장을 붐비게 만드는 것은 우리의 책임이 될 것이다. 그것이 분명 바이러스가 퍼지고 더 많은 사람들이 건강을 잃거나 심지어 목숨을 잃는 것을 의미할지라도 말이다. 여기서 무언의 함의가 있다면 그것은 거주지가 아예 없거나, 닫힌 문과 사유지 구분이 확실한 부르주아 가정집이 아닌 곳에서 거주해야 하는 모든 이들의 생명이 그러하듯이 노동자의 삶들은 폐기 가능한 것이라는 끔찍한 추정일 터이다. 여기서 무언의 함의가 있다면 그것은 자기 자신들의 질병과 죽음, 그리고 그들이 알지 못할 다른 이들의 질병과 죽음을 향해 나아가면서도 자신들은 자유를 누리고 있다고 생각하는 이들의 생명의 폐기 가능성인 것이다. 그렇다면 과연 세계를 경제로부터 되찾아오는 것이 가능할까? 시장의 재개를 세계의 구성으로부터 탈구되도록 하는 것, 그것이 바로 희망찬 세계의 재구성을 위한 첫걸음일 것이다.

이제 우리는 살아 있는 존재들 사이의 근본적 불평등이 언제나 현상학에서 말해왔던바 '생활 세계'의 일부였다는 사실을 다른 시점을 통해서 보다 명확하게 보게 되었다. 어떤 삶들은 어떤 대가를 치르고서라도 죽음으로부터 보호되어야만 한다. 그리고 그와 다른 삶들을 보호하는 것은 가치가 없는 것으로, 아니 비용을 치를 만한 가치가 없는 것으로 여겨진다.

생활 세계의 미래들

생활 세계라는 개념을 통해 우리는 '무엇이 삶을 살 만하도록 만드는가?'와 '무엇이 거주 가능한 세계를 구성하는가?'라는 두가지 질문을 한데 모을 수 있는 기회를 갖게 되었다. 임시 격리하에서 우리는 아마도 교류의 두절, 육체적 접촉의 결핍,

그리고 사회적 모임의 결여가 참기 어려웠다고 느꼈거나 여전히 느끼고 있을지도 모른다. 그러나 우리는 분명 생명을 보호하기 위해 이러한 상실들을 견디고 있다. 집 안에 머무는 것은 감옥에 있는 것과 다르다. 우리 스스로를 보호하기 위해서뿐만 아니라 다른 이들을 감염시킬 수 있는 가능성에 대해 잘 알기 때문에 우리는 격리를 받아들인다. 말하자면 우리는 감염되거나 혹은 감염시킬 수 있는 어떤 윤리적인 궤도 안에서 살고 있다. 즉, 지속적으로 우리 자신의 일부를 타자들의 방향으로 내어주고, 마찬가지로 타자들의 조각들을 당연하게 받아들이는 존재들로서 우리를 확립하는 상황인 것이다.

바이러스의 전염이 공기를 통해서 이루어진다는 사실을 이해하지 못했던 팬데믹의 초기에 우리는 세계의 표면들을 두려워했다. 이제는 아마도 우리가 세계의, 우리가 접촉하는 손잡이들의, 우리가 여는 소포들의 표면을 타인과 공유한다는 사실을 새삼스레 알게 되었을 것이다. 어디서든 우리는 서로의 손안에 존재하고 있다. 바로 그 사회성의 조건이 팬데믹 상황하에서는 치명적이었던 것이다. 그렇다. 전화기 혹은 인터넷을 통한 사랑과 지지의 말들, 예술, 공동체, 그리고 웃음 등 유예된 세계의 일부는 격리 중에도 여전히 침입해 들어온다. 그러한 연결들은 가상일 수도 본능적인 것일 수도 있으며 생명을 지탱해주는 것으로서 과소평가되어서는 안된다. 그러나 우리가 향하고 있는 이러한 윤리적인 방향성은 우리가 타자들에게 어떻게 영향을 주는지, 혹은 타자들이 어떻게 우리에게 영향을 줄 수 있는지에 대해 우리가 얼마나 불완전하게도 모르고 있는지에 대한 보다 넓은 질문을 제기한다.[*] 우리의 윤리적 책무는 모호함에 사로잡혀 있다. 여기서 확실해 보이는 것은 바로 우리가 더이상 자기 이익만을 위해서 행동할 수 없다는 점인데, 왜냐하면 신체로 체현된 자아는 이미 사회적으로 자리매김되어서 주위 환경 및 타자들 안에서 그 자신을 벗어나 영향받고 영향을 주는 존재이기 때문이다. 너의 삶이 나의 삶에 엮여 있듯 나의 것인 이 삶은 또한 너의 삶에 엮여 있기에 나의 이익은 곧 너의 이익이 된다. 이는 그저 팬데믹 상황에서만 그런 것이 아니라 우리의 삶이 형태를 갖추고 의미를 가지게 되는 상호의존적인 사회적 세계 안에서도 그러하다. 왜냐하면 우리가 세계의 표면과 세계 속 사물들을 공유하고 있고, 우리가 모르는 타인들의 자취가 때로 부지불식간에 우리 사이로 통과하기 때문에 그렇다. 항상 그런 것은 아닐지라도 네가 만지는 것은 고로 나를 만진다. 만일 내가 어떤 표면을 만진다면 나는 잠정

● 본 문장은 어법상 필수적인 전치사가 삭제된 비문으로서 이는 영문본 편집상의 오류라고 판단되며, 맥락에 맞게 번역했음을 밝힌다.

적으로 다른 이를 만지고 있는 것이거나 혹은 그들에 의해 만져지는 것일까? 네가 나에게 영향을 주는 것인지 혹은 내가 너에게 영향을 주는 것인지는 불분명하며, 만지고 만져지는 그 순간의 영향 주기/영향 받기가 일종의 감염시키기/감염되기인지 아닌지는 우리 중 누구도 알지 못한다. 우리가 서로와 가지는 신체의 관계에 대해 사유할 때, 우리는 단순히 서로로부터 고립되어 존재하는 독립된 개체에 대해서 말하고 있는 것이 아니다. 그렇다고 우리가 단순한 호혜관계에 대해서 말하고 있는 것도 아니다. 우리의 관계를 매개해주는 지구와 공기, 그리고 음식이 존재하며 우리가 서로에게 속해 있는 것만큼이나 그것들에 속해 있는 것이다.

내가 앞서 언급했듯이 메를로퐁티 사후 발간된 촉감에 관한 사유들은 "entrelac", 즉 상호 얽힘(interlacing)의 형상에 의존하고 있다.[3] 그는 우리에게 다음과 같이 일러준다. 우리가 어떤 사물을 만질 때, 우리는 만지고 있는 우리 스스로를 인식하게 되며, 만져지는 세계, 우리가 만지고 있는 세계 속의 모든 것은 언제나 부분적으로는 그것이 우리에 의해 만져질 수 있

• 버틀러는 프랑스어 "entrelac"의 역어로 "interlacing"과 "intertwinement"를 번갈아 사용하고 있다. 기본적으로 같은 말이지만 어원상의 의미를 활용하여 전자는 '상호 얽힘'으로, 후자는 '상호 엮임'으로 번역했다.

다는 사실에 의해 정의된다. 동시에 만질 수 있는 세계는 우리의 접촉을 초과하여 촉각에 대한 일반적인 조건들을 확정 짓는다. 그리하여 우리는 그 초과를 접촉 그 자체 안에서 알게 된다. 이렇듯 우리는 세계의 만질 수 있는 대상이 없이는 우리 스스로를 만질 수 있는 존재로서 상상해낼 수 없다. 그리고 우리가 서로에게 가까이 가서 서로를 만질 때, 그 순간 누가 누구를 만지고 있는지를 항상 정확히 알 수 있을까? "우리는 서로를 어루만졌다"라고 말할 때 우리는 감정적 혹은 육체적 접촉에 대해서 말하고 있는 것만 같다. 만일 나의 손이 또다른 손을 만진다면, 그것은 동시에 살아 있고 살아 움직이는 바로 그 다른 이의 신체 표면에 의해 만져지는 것이기도 하다. 그 말인즉 내가 나 자신을 감각을 받아들이는 수용적 존재로 생각하는지의 여부에 상관없이 다른 사람이 또한 나를 만진다는 의미이다. 물론 수용성이 수동성과 같지는 않다. 그러나 이 두 개념은 매우 자주 융합되곤 한다. 나아가, 메를로퐁티가 주장하듯 만일 능동성과 수동성이 서로 엮여 있다면, 행위와 수용성은 모두 상호 배타적 논리로서 사유되어서는 안될 것이다. 스피노자(Baruch Spinoza)에 따르자면, 수용성의 잠재력이 크면 클수록 행위의 역량 또한 커진다.[4]

이 상호 엮임의 개념은 다음과 같은 기본적인 질문들을 재

구성하도록 이끈다. 나는 주체인가, 객체인가, 혹은 언제나 주체이자 객체인 것인가? 그리고 우리의 신체를 만질 수 있는 세계에 매여 있는 것으로서 이해하는 것은 어떤 차이가 있는가? 메를로퐁티가 지적하듯 만일 다른 이를 만지는 것이 또한 스스로를 만지는 것이거나 혹은 그 접촉의 순간에 자기자신의 피부를 인식하는 것이라면, 만지고 만져지는 이 감각과 자신의 촉감에 대한 감각을 구별할 방법이 있을까?* 다시 말해서 자아에 대해 체현된 촉감을 특징짓는 속성으로서, 행위하기와 수용하기 사이에 어떤 모호함이 있을까? 접촉의 순간에 우리가 자신에 대한 질문을 하게 되는 순간이 있다. 바로 이 접촉의 순간에 나는 누구인가, 혹은 나는 누가 되는가? 혹은 마리아 루고네스가 제기한 질문을 따르자면, 다른 이와의 새로운 접촉을 통해서 나는 어떤 사람이 되었는가?[5] 커밍아웃을 하는 과정에 있는 십대라면 누구나 이와 같은 존재론적/사회적 딜레마가 정확히 커밍아웃이 이뤄지는 그때 그곳에서, 자신이 온전히 기대할 수 없었던 형태의 근접성과 친밀성 속에서 나타나는 것을 알 수 있다. 메를로퐁티가 우리에게 일러주는 바는 신체의 침투 가능

---

* 원문에서는 "만지고 만져지는 이 감각"에서 "scene"(장년, 편경)이라는 단어를 사용하고 있으나 문맥상 어울리지 않는 단어이므로 영문본 편집상의 오류로 판단되어 이어지는 어구에 맞게 "sense"(감각)로 바꾸어 번역했음을 알린다.

한 경계들이 관계성의 길을 구획해내는 한, 이것이 바로 촉각이 작동하는 방식이라는 것이다. 우리는 우리가 영향을 주고자하는 것에 의해 영향받기에, 능동성과 수동성을 상호 배타적인 개념으로 구별할 수 있는 확실한 방법은 존재하지 않는다. 이로써 아리스토텔레스는 다시 한번 죽음을 맞이한다.

나는 왜 이런 방식으로 셸러와 메를로퐁티를 엮어내고 있는가? 셸러가 비극적인 것을 규정하는 가치 파괴가 진정 지금 우리에게 무언가를 일러주는가? 우리는 지금 우리가 살도록 요청된 세계의 좌표들을 이해하고자 하기에, 비극적인 사건에 의해 심판받고 발가벗겨진 세계라는 개념은 현재 제기해볼 수 있는 문제가 아닐까? 이 세계는 거주 가능한 곳인가? 만일 그러하다면 과연 누구에게 거주 가능한 곳인가? 그리고 어떤 기준에서 그러한가? 생명의 가치, 지구의 가치 등 가치의 파괴가 세계를 슬픔 속에 잠기게 할 때 무슨 일이 일어나는가? 우리가 접촉을 상실하거나 서로와 가까이서 나누었던 숨결을 거의 기억조차 하지 못하게 될 때 무슨 일이 일어나는가? 그렇다면 우리는 대체 누구인가, 아니, 거주가 실제로 여전히 가능하다면, 우리가 그렇게 거주하는 세계란 대체 어떤 세계란 말인가? 아마도 주체 중심적인 세계관에 대한 방향 상실을 통해 우리는 또다른 종류의 세계-구축을 할 수 있고, 공기와 흙, 건축물들로 둘러싸인 공간, 좁은 통로들로 이루어진 세계 안에서 또다른 방식의 삶을 영위할 수 있는 희망의 표식들 혹은 약속을 벼려낼 수 있을지 모른다. 살기 위해 그토록 많은 인간적, 그리고 비인간적 차원들을 요하는 숨을 쉬는 동물이자 접촉하는 동물로서 말이다.

메를로퐁티는 인간 신체는 다른 객체들, 사물들과는 다른 방식으로 시공간에 산재되어 있다고 생각했다. 그러나 그가 고려하지 않았던 점은 객체들과 사물들이 또한 자연사들을 배태하고 있다는 것으로 아도르노(Theodor Adorno)의 문장을 사용하자면, 노동과 소비의 역사, 그리고 시장가치의 매개를 배태하고 있다는 점이다.[6] 이는 우리가 채굴주의를 이윤을 목적으로 한 천연자원 약탈로 여길 때 특히 맞는 말이다. 만일 상호주관적인 관계가 객체 세계에 대한, 즉 환경에 대한, 자연 재화가 가진 복잡한 가치들에 대한, 그리고 경제적·사회적 현실의 보다 넓은 구성에 대한 참조 없이 형성된다면, 그것이 만들어내는 가치들, 그리고 그것이 파괴하는 가치들을 이해하는 것은 더이상 불가능해질 것이다. 만일 거주 가능한 세계라는 개념이 환경 독소가 우리가 숨 쉬는 공기에 미치는 영향을 포함하지 못한다면, 우리는 세계 지평의 일부로서의 기후라는 개념을 잃어버리게 된다. 나아가 그러한 참조들 없이 우리는 잘 살아가는 방법, 지구에서 가장 잘 거주하는 방법 혹은 거주 가능한 세계를 만들어내는 방법을 알 수가 없을 것이다. 살 만한 방식으로 살아가는 것은 세계 속에, 즉 계속 거주 가능한 세계에 거주하는 것을 요한다. 객체들은 주체성에 혹은 그 변형태인 상호주관성에 전적으로 집중하는 것보다 더욱더 명료하게 이 모든 질문들에 대한 방향을 제시해줄 수 있다. 메를로퐁티에게 너와 나 사이의 이원적 관계는 촉각을 매개한 유형성 그 자체에 의해, 언어에 의해, (그리고 우리는 다음을 추가로 언급해야 할 텐데) 아울러 호흡 가능성에 의해, 즉 공기가 가진 사회적 속성에 의해 조건지어지는 동시에 초과된다.

비록 과학이 객체에 의한 전염의 가능성을 최소화했지만, 우리는 전염 가능성이 증대하는 상황과 객체의 관계를 이해하기 위해서 객체 세계를 보다 주의 깊게 살펴봐야만 한다. 결국 사회적 형태로서 객체는 일련의 사회관계들에 의해 구성된다. 객체는 삶의 사회경제적 구성 안에서 만들어지고 소비되며 분배된다. 이러한 통상적인 사실은 팬데믹의 상황하에서 새로운 중요성을 갖게 된다. 음식을 배달하는 사람은, 배달원으로부터 음식을 받는 사람보다 바이러스에 더 쉽게 노출되는데도 왜 여전히 일을 하고 있을까? 이 의문이 가진 긴급성은 선택에 의해서든, 아니면 백신에 접근하기 어렵거나 너무 비싸서든, 혹은 자가면역질환으로 인해 백신의 보호를 받을 수 없어서든 백신을 미접종한 사람들에게 더욱 심각한 문제가 된다. 노동자들이 그간 너무도 자주 직면해온 선택은 질병의 위험과 그로 인한 죽음의 가능성을 감수하거나 혹은 일자리를 잃는 것이었다. 바이러스는 그것을 보유한 그 어떤 신체에도 속하지 않는다. 비록 우리가 "누구누구가 바이러스를 **가지고 있어**"라고 말할지라도 바이러스는 어떤 소유물도 아니고 물건도 아니다. 사유재산 모델은 바이러스를 이해할 방법을 제공해 줄 수 없다. 오히려 바이러스가 그 사람을 **가지고** 있는 것만 같다. 왜냐하면 바이러스는 다른 곳으로부터 와서 사람을 장악하고, 접촉이나 호흡을 통해 점막 위로 혹은 우리 신체의 구멍 속으로 전이하며, 그 신체를 숙주 삼아 잠복해 있다가 세포에 침입하여 복제를 유도하고, 덩굴손 모양의 돌기들을 펼쳐내고 결국 공기 중으로 방출되어 잠재적으로 다른 생명체 안으로 침입하기 때문이다. 바이러스는 숙주를 찾아, 피부, 콧구멍, 틈을 찾아 부분적으로는 침투성에 의해 정의되는 신체에 안착하고 그 안에 침입한다. 가장 강력한 수준의 봉쇄조치하에서 사람들은 밀접한 접촉과 대면 행위를 통한 바이러스의 전파를 두려워했던 것 같다. 대면 접촉은 분명 이제 (이 책을 집필하고 있는 시점에는 오미크론 변이 혹은 델타크론 변이가 출현한 상황이다) 손을 대는 물체를 통한 감염보다 더 광범위하게 두려움의 대상이 되고 있다(비록 표면이나 접촉성 매개체들에 대한 연구가 계속하여 놀라운 결과를 보이고 있지만). 그리고 이제는 비말 전파가 분명히 바이러스 전파의 가장 압도적인 원인이다.[7] 우리는 일상생활에서 타인들과의 근접을 온전히 제어할 수는 없다. 사회적 세계는 예측할 수 없기 때문이다. 물체들과 타인들에 대한 의도치 않은 근접은 공공 생활의 한 특질일 수밖에 없으며 대중교통을 이용하거나 인구가 밀집한 도시에서 거리를 걸어서 이동해야 하는 이들에게는 일상적인 일이다. 우리는 좁은 공간 안에서 서로와 부딪히고, 대화를 할 때 난간에 기대거나 다른 사람을 향해 몸을 숙인다. 우리가 향하는 곳에 있는 무엇이든 만지며, 종종 상호작용이 필요한 낯선 이들에게, 혹은 그저 이 세계의 공유하는 공간들 안에서 살고 움직이는 이들에게 가까이 다가간다. 그러나 그와 같은 우연한 접촉의 상황, 서로에게 스치는 상황은 잠재적 질병의 가능성을 증대시키고, 그 질병이 죽음의 위험성을 갖고 있을 때 잠재적으로 치명적인 것이 된다. 이런 상황에서 우리가 필요로 하는 물체들과 타인들은 잠재적으로 우리의 생명에 크나큰 위협인 것으로 보이게 된다. 잘 알다시피, 계속되는 이러한 역설적 상태는 살 만한 상황이라 보기 어렵다.

그러나 팬데믹하에서 우리는 거리두기와 고립에 의해, 일자리가 없거나 제한적인 일만 할 수 있는 상황에 의해, 그리고 빚과 죽음의 공포에 의해 점철된 이 세계에 살기 원하는지 스스로 묻고 있다. 그리고 그러한 세계가 과연 거주 가능한 세계인지를 묻고 있는 자신을 발견한다. 그렇다, 우리는 바이러스 감염이 최악으로 급증하던 상황에도 함께하고 공동체를 유지할 방법들을, 그리고 예술을 세계 속으로 내놓는 방법들을, 가상의 수단을 통해 본능적인 연결을 활성화시키는 방법들을, 그리고 본능적인 수단들을 통해 가상의 연결을 활성화시키는 방법들을 발견했다. 그러나 팬데믹이 진행되는 모든 국면마다 근본적 불평등의 문제가 도사리고 있다. 누구의 생명이 생명으로서 가치 있는 것으로 여겨지고 누구의 생명은 그렇지 아니한가? 추상적인 철학적 질문들로 보이는 의문이 사회적·역학적 긴급 상황의, 아니 위기 상황의 중심으로부터 나타나게 되었다. 세계가 거주 가능하기 위해서 세계는 살고자 하는 욕망뿐만 아니라 삶의 조건들을 지탱해야만 한다. 사람의 생명을, 혹은 우리 친구나 가족의 생명을, 혹은 우리가 지구에 함께 거주하고 있는 그 모든 인구들을 그렇게 쉽게 폐기해버리는 세계에 과연 누가 살고 싶어할까? 거주 가능한 세계에서 살고 싶어한다는 것은 너무도 쉽게 생명을, 생명체들을, 그리고 서식 및 생활 환경들을 폐기해버리는 권력들에 맞서는 투쟁을 시작한다는 것과도 같다. 우리는 혼자서는 그 모든 만행들에 저항할 수 없고 오직 협력을 통해서만, 새로운 삶의 환경들을 준비하고 재구성된 욕망의 시공간을 준비하는 지지의 네트워크를 확장함으로써만, 새로운 형태의 공동의 삶과 집단적 가치와 욕망을 실행함으로써만 저항할 수 있다. 또한 삶이 살 만하기 위해서 그 삶은 체현된 것이어야만 한다. 이 말인즉, 그 삶은 어떤 공간을 거주 가능하게 하기 위한 제반 지원이 필요하다는 말이다. 아울러 그 삶은 살 수 있는 공간, 거처 혹은 주거지가 필요하다. 따라서 주택 공급과 접근 가능한 인프라는 살 만한 삶을 위한 필수적인 전제 조건이다. 그러나 그러한 공간들은 집과 가정에만 제한되지 않는다. 그와 같은 삶의 공간에는 일터, 상점, 거리, 들판, 마을, 대도시, 운송 수단, 보호되는 공유지, 광장이 포함된다.

백신을 구입할 수 있거나 특허를 받지 않은 백신들을 양산할 능력이 있는 국가들이 백신을 점진적으로 수급함에 따라 금융시장은 예상대로 이런저런 제약 산업의 미래에 투자하기 시작했다(팍스로비드 같은 항바이러스제가 보다 광범위하게 배포되어 접근 가능하게 되면 분명 큰 도움이 될 것이다). 백신의 세계 분배를 특징짓는 근본적 불평등은 팬데믹을 끝내기 위한 노력이 뿌리 깊은 전지구적 불평등을 극복하고자 하는 투쟁과 연결되어야 한다는 것을 새삼 일깨워준다. 우리는 이웃이나 사랑하는 이들에게 하듯이 세계 저편에 있는 이방인의 보건에 대한 권리를 열렬히 옹호하는 세계를 위해 투쟁해야만 한다. 그런 행동이 터무니없을 정도로 이타주의적으로 보일 수 있지만, 지금이 바로 우리의 합리적인 사고를 침해하는 지엽적이고 민족주의적인 편견을 해체할 적기(適期)다. 2020년에 세계보건기구(WHO) 사무총장인 테드로스 아드하놈 게브레예수스(Tedros Adhanom Ghebreyesus)는 이 개념이 앞으로의 윤리적 숙고에 중심이 되기를 제안하면서 '세계'를 척도로 삼는 윤리적 규범을 다음과 같이 제의한 바 있다. "우리 중 그 누구도 어떤 이들은 보호받고 다른 이들은 보호받지 못하는 세계를 받아들일 수는 없습니다."[8] 그는 국경과 이윤을 지표화하여 어떤 생명이 다른 생명들보다 더 보호하고 지킬 가치가 있는지를 계산하는 민족주의와 시장 효율성의 종식을 요구했다. 또한 그는 어떤 이들은 여전히 감염되고 그리하여 타인을 전염시킬 수 있는 상태로 있는 한 바이러스는 계속하여 퍼질 것이라고도 말했다. 고로 모두가 안전해질 때까지 그 누구도 안전한 것이 아니다. 이같이 비교적 단순한 전염병리학적 사실은 윤리적 책무와 부합한다. 이러한 두 관점에서 보자면, 보건과 살 만한 삶에 대한 평등한 접근권을 보장할 수 있도록 전지구적 형태의 협력과 지원에 헌신해야 한다는 결론이 나온다.[*] 그렇게 하기 위해서 우리는 **이것은 대체 어떤 세계란 말인가**라는 질문에서 파생되는 잠재력에 유념해야만 하고 그 질문으로부터 또다른 질문, 즉 **우리는 어떤 종류의 세계에서 살기를 바라는가**라는 질문을 끌어내야만 한다. 나는 '무엇이 삶을 살 만하도록 만드는가?' 혹은 '무엇이 세계를 거주 가능하도록 만드는가?'라는 질문에 대한 답을 하지 않았다. 그러나 나의 논의를 통해 그러한 질문들을 제기하고 계속 논쟁하는 데 도움이 되기를 바란다. 나는 우리가 살고 있는 생활 세계들이란, 삶을 지속하고 살고자 하는 열망이 모든 생물들에게 차별 없이 동등하게 존중되고 그러한 삶의 조건들을 확보해주어야만 한다고 생각한다. 전염병 전문가들이 신종 코로나바이러스를 풍토병으로 만드는 것이 현재의 문제를 해결하는 방법이라고 조언했는데, 현재의 팬데믹이 풍토병화할 경우 여전히 세계의 일부에서 사람들이 생명을 잃어야만 할 것이라는 가정이 있는지에 관해 우리는 물어야 할 것이다. 그들은 백신을 전혀 확보하지 못한 이들이거나, 혹은 백신이 그들을 도울 것이라는 주장을 믿지 않는

_____

• 이 문장의 원문은 비문으로서 문맥에 맞게 의역하였다.

이들, 아니면 백신이 제대로 작용하지 않는 면역저하자들이다. 대부분의 사람들이 살기 위해 몇몇은 죽을 수밖에 없다는 해법을 받아들이기를 거부하는 것은 곧 살아 있는 이들을 위한 보다 급진적인 평등을 위해 얼빠진 공리주의를 거부하는 것이다. 그것은 우리에게 이런 선택을 강제하는 시장주의 셈법에 비판적으로 대항하는 것을 의미한다.

오직 전지구적 차원의 헌신만이 전지구적 상호의존성을 지켜낼 수 있다. 그와 같은 임무를 수행하기 위해 우리는 우리가 **세계**라는 이름으로 부르고 있는 것, 거주 가능한 세계에 대한 우리의 이해를 새롭게 하고 수정해야만 한다. 언제나 이미 서로의 삶에 연루되어 있는 방식으로서 이해되는 그 세계 말이다. 팬데믹의 최고조기에 그러한 상호의존성은 때로 치명적인 것으로 보일 수도 있고 우리를 다시 방어적 개인주의와 가정의 '안전함'으로 되돌아가게 한다(그런데 가정으로의 복귀가 여성에게 안전했던 적이 있던가? 퀴어 아동들의 경우는 또 어떠한가?). 그러나 상호의존성은 또한 출구이기도 하다. 그것은 전지구적 보건을, 평등한 접근권을, 무료 백신을, 그리고 제약회사들의 이윤 집착을 끝장내는 것을 의미한다. 상호의존성은 또한 우리의 육체적 환희를 위한, 살기 위해 우리가 필요로 하는 지원을 위한, 그리고 급진적 평등과 공동의 살 만한 세계를 구축하고 지탱하는 데 헌신하는 연대를 위한 가능성이기도 하다. 우리가 경제적인 자산을 갖고 있다면 개인적 생활로 되돌아갈 수도 있고, 활동과 관계를 재개하기 위해 언제 세계가 더 많이 열릴지 궁금해할 수도 있으며, 혹은 우리의 자기 이익 추구를 훼방하는 상황에 대해서 더더욱 낙담할 수도 있다. 그러나 가장 개인적인 것처럼 보이는 이러한 고립과 좌절은 사실 전세계인들이 공유하고 있는 경험이기도 하다. 몇몇 극렬 백신 반대론자들은 결국 바이러스에 의해 자신의 생명을 잃거나 그들이 사랑하는 이들의 생명을 잃었다. 또한 우리는 팬데믹 상황을 이용해 권위주의적 형태의 국가권력을 강화하고, 국경 및 감시 기술 사용을 강화하며, 외국인혐오를 도모하고, 이성애규범적인 가정 영역을 강화하는 초민족주의적인 반응들을 목도하고 있기도 하다. 그러나 바이러스가 다시 급증하기 바로 전에 팬데믹이 종식되었다라고 선언됨에 따라 팬데믹에 대한 전망들이 여기저기 다르고 또한 오락가락하는 순간에 처해 있다. 치명적인 불평등과 지정학적 지배의 와중에서도 여전히 공동의 세계를 위해 노력하고 있는 이들에게 이는 분명 곤란한 상황이다.

이 팬데믹을 우리가 얼마나 다르게 인식하느냐에 상관없이 우리는 그것이 전지구적 현상임을 안다. 그것은 우리가 공유하는 세계 속에 연루되어 있다는 사실을 우리에게 일깨워준다. 어떤 이들은 민족주의를 강화하면서 전지구적 팬데믹에 격분하고 있을 수도 있다. 그러나 그들의 노력이 보여주는 광기는 팬데믹의 관계성이 가진 전지구적 속성에 굴복할 수밖에 없다. 서로에게 영향을 주는 살아 있는 인간 생명체의 능력은 결국 언제나 생사의 문제였지만, 이는 오직 몇몇 역사적 조건하에서만 가장 명확하게 볼 수 있었다. 물론, 이것이 우리가 공유하고 있는 **공동의 세계**인 것은 아니다. 게다가 팬데믹을 전지구적인 것으로 인식하는 것은 그러한 불평등들에 맞서는 것을 의미한다. 팬데믹은 우리가 서로에게 그리고 지구에 대해 가지는 책무가 무엇인지에 대한 전지구적 감각을 고양하는 동시에 또한 인종적, 경제적 불평등을 부각했고 또 심화했다. 기후 파괴와 팬데믹이라는 혹독한 현실의 결과로 인해 이제 인류의 유한성과 상호의존성에 대한 새로운 이해에 기반해 전지구적 차원으로 나아가는 움직임이 있다. 유한성에 대한 경험은 불평등에 대한 예리한 감각과 결부되어 있다. 즉, 누가 일찍 죽게 되며 왜 그러한가, 그리고 누가 삶의 존속을 위한 인프라 혹은 사회적 약속을 갖지 못하는가?

세계의 상호의존성에 대한 감각은 우리 모두의 면역학적 위기에 의해 강화되었고, 확고하게 경계지어진 독립된 신체들 속에 위치한 고립된 개인이라는 우리 자신에 대한 개념에 이의를 제기한다. 하나의 신체로서 존재한다는 것은 말하자면 우리 삶이란 소유관계를 넘어서 그리고 그에 반대해서만 존속할 수 있다는 사실을 일깨워주는 다른 살아 있는 생명체들, 표면들, 그리고 어느 한 사람의 것이 아니라 모두의 것인 공기를 포함하는 여러 요소들과 관련되어 있다는 점을 이제 누가 부인할 수 있을까?

이러한 팬데믹 시대에 공기, 물, 거주지, 의복, 그리고 의료보험에의 접근은 개인적·집단적 근심의 현장이 된다. 삶을 위한 이 모든 필수 요건들은 기후변화에 의해 이미 위태로워져 있다. 우리가 살 만한 삶을 영위할지 아닐지는 사적인 차원의 존재론적 질문만이 아니라 사회적 불평등이 초래한 생과 사의 결과가 불러일으킨 긴급한 경제적 질문이기도 하다. 이 세계를 똑같이 공유해야 하는 다른 모든 이들에게도 의료 서비스와 거주지, 그리고 충분히 깨끗한 물이 있는가? 이 질문은 지금 우리가 겪고 있는 현재 진행형의 기후 재난이 살 만한 삶에 대한 위협임을 드러내면서, 팬데믹하에서 고조된 경제적 불안정성이라는 환경에 의해 더욱 긴급한 질문이 된다.

인간에게 있어 거주 가능한 세계는 인간을 그 중심에 두지 않는 지구의 번성에 달려 있다. 우리가 환경 독소들에 반대하는 것은 그저 인간이 중독의 걱정 없이 숨 쉬고 살 수 있도록 하기 위함만이 아니다. 물과 공기에는 우리 삶에 주요한 영향을 미치거나 우리를 위해 존재하지 않는 생명들이 분명 존재하기 때문이다. 우리가 이처럼 상호 연결된 시대에 개인주의라는 경직된 형식을 벗어던질 때 우리는 인간 세계가 이 전체 지구에서 보다 작은 부분이 되는 것을 상상해낼 수 있을 것이다. 그 재생에 우리가 의존하고 있고, 반대로 우리 역할의 축소와 우리의 보다 주의 깊은 돌봄에 의존하고 있는 지구 말이다.[9] 거주 가능한 지구를 위해서 우리는 지구의 모든 지역에 거주하지 않고, 인간 거주지의 범위와 생산을 제한해야 하며, 아울러 지구가 필요로 하는 것이 무엇인지를 알고 그것에 주의해야만 할 것이다.

3장

윤리와 정치로서의 상호 엮임

앞서의 두장에서 나는 현상학 전통에서 온 몇몇 텍스트를 끌어와 팬데믹이 사회성, 상호의존성, 그리고 체현에 대해 가지는 몇몇 양상들을 조명해보고자 했다. 그렇게 함으로써 나는 오직 현상학만이 유용한 해석 틀이라고 주장하려는 것이 아니고, 그러한 틀로부터 우리 시대의 모든 중요한 주장들을 이끌어낼 수 있다고 주장하려고 한 것도 아니다. 나는 현상학이 유용해 보이는 순간으로부터 논의를 이끌어내고 있으며, 또한 현상학의 몇몇 양상들을 맑스, 반인종주의 비판, 그리고 앞으로 남은 장에서 점점 더 명확하게 드러나겠지만 페미니즘과 퀴어 이론을 비롯한 다른 이론적 전통들에 연결하고 있다.

"괄호 치기"(bracketing)의 실천에 대한 후설 자신의 사상은 사르트르와 메를로퐁티 모두에게서 비판을 받았다.[1] 그들은 세계를 현상학적 분석의 대상으로 만들기 위해 세계에 대한 우리의 일상적 가정들을 일부러 유예하는 방법이 필요치 않다고 주장했다. 구성된 세계의 구조가 갑자기 의문시되거나 드러나는 역사상의 경험들이 존재한다. 이와 같은 경험들은 아마도 창피하거나 혹은 들뜬 기분으로 자신의 어리숙함에 노출되는 순간들일 것이다. 후설과 동시대에 저작 활동을 한 막스 셸러가 비극적인 것은 가치 있는 어떤 것이 파괴되어버렸고 그파괴의 현장에서 세계의 구조에 대한 무엇인가가 드러나고 있음을 보여주는 것이라고 주장했을 때 그는 세계의 구조가 오직 급진적인 인식론적 탐구를 통해서만 이해될 수 있음을 보여주고자 했다.[2] 세계는 이전에 그랬던 것 같은 세계가 아니지만, 바로 그와 같은 이유로 지금 완전히 상실된 것도 아닌 것이 된다. 셸러가 논하고 있는 이런 종류의 가치의 파괴는 파괴가 가능한 것으로 판명된 바로 그 세계를 의미한다. 아니, 어쩌면 그 세계를 **고발**한다고도 할 수 있다. 이는 마치 그러한 가능성이 어떤 특정한 역사적 순간이 올 때까지는 생각할 수조차 없었지만, 그것이 일단 가능해지자 이제는 세계 그 자체의 한 가능성으로서 이해되는 것만 같다. 이전에 그 세계는 (적어도 몇몇 이들에 의해서는, 혹은 많은 이들에 의해서는) 그러한 가능성을 갖고 있거나 내포하는 곳으로서 이해되지 않았기 때문에, 세계는 이제 과거의 모습과는 다른 것으로 드러난다. 우리는 이것을 변형된 세계 혹은 새로운 세계라고 부를 수 있을 텐데, 만일 우리가 특정한 사건들이 일어날 가능성이 없는 세계에 대한 확고한 개념을 갖고 있다면, 그것은 이제 우리가 알고 있던 세계와는 분명 다른 세계인 것이다. 이 사건은 다른 사건들과는 다른 많은 사건들이 일어날 가능성을, 세계에 대한 기존의 감각으로 동화될 수 없는 가능성을 보여준다. 이러한 가능성은 세계에 대한 기존의 개념에 단순히 더해질 수 있는 것이 아니다. 그 가능성이 더해지면서 세계에 대한 감각도 변화한다. 그와 같은 가능성은 기존 세계의 특질로서 더해질 수 없기 때문에, 세계를 새롭게 드러내는 힘으로 충만한 채 세계를 뒤엎고 재정의한다. 셸러가 쓴 용어를 사용하자면, 이런 종류의 "사건"은 세계가 경험을 규정하고 구축하는 지평으로서 언제나 존재했음에도 불구하고, 그 이전에는 알려지지 않았던 세계임을 보여준다. 그의 『유고집』(*Nachlass*)에서 보이듯 후설에게, 그리고 일찍이 후설의 교의를 설명하고자 했던 란트그레베에게 있어서 "세계에 대한 개념을 형성하는 것은 따라서, 가능한 경험들의 무한(infinity)을 구조적으로 구축하는 것을 요한다"[3]는 사실을 기억하는 것은 유용할 듯하다. 따라서 온전하게 개념화되거나 혹은 어떤 한계 안에서 상상될 수 없는 무한의 가능성들을 고려할 때, 세계에 대한 그 어떤 개념이라도 절대적으로 제한적일 수 있는지의 문제가 남는다. 지평이라는 개념에 의해 그 어떤 한계가 주어지든 간에 그 한계는 말하자면 그것을 꿰뚫고 초과하는 무한의 규약 안에서 다시 사유해야만 한다.

왜 현상학인가? 어떤 현상학인가?

현상학 분야에서 영향과 전유의 역사는 복잡하다. 메를로퐁티와 사르트르 모두 주로 후설의 프랑스어 번역본에 의존했고, 그들은 또한 자신들의 논의를 후설의 철학적 업적에서 차용하기도 하고 논쟁하기도 했다. 사르트르는 간단하지만 흥미로운 방식으로 살(flesh)에 대해 언급하고 있는데, 신체에 대한 그의 설명 대부분은 신체를 다른 객체들 중의 한 객체로서 정의하는 경향을 보인다. 신체와 의식 간 구별에 의존했기에 그는 이후 데카르트의 후예로 불렸고, 이는 칭찬의 말이 아니었다. 특히 시몬 드 보부아르(Simone de Beauvoir)를 따랐던 페미니스트들은 더욱더 그렇게 여겼다. 보부아르에게 신체는 객체가 아니라 일종의 상황이다. 그리하여 그는 『제2의 성』에서 신체 개념을 소개할 때 사르트르를 인용하는 것이 아니라 메를로퐁티를 인용한다.[4] 실로, 페미니즘 철학에서 체현의 문제는 비판현상학이라는 비교적 새로운 분야에서 폭넓은 연구 분야로 떠올랐다. 많은 학자들이 지금은 고인이 된 아이리스 매리언 영(Iris Marion Young)의 저작의 중요성을 알고 있다.[5] 그는 "여자애처럼 던지는 것"이 어떻게 학습되는지, 그것이 어떻게 강제적인 젠더 교육이 되는지, 그리고 운동 능력과 몸짓의 차원에서 어떻게 젠더의 위계적 조직화가 취해지고 재생산되는지에 대해 의문을 제기하며 정치적 틀 안에서 우리 삶의 경험의 습관과 몸짓을 분석해 내고 있다. 무엇보다도 영의 논점은 신체와 세계들을 형성하는 데 반복적이고 습관적인 행동들이 가진 역할을 페미니즘적 목적을 위해 강조하고 있다. (필자 자신을 포함하여) 영의 동시대 많은 다른 페미니스트들에게 현상학은 지배와 규율의 구조들에 대해 고민하고 변화시키는 데 있어서 우리 삶의 경험의 구조를 이해하는 방법을 제시해주었다. 그러한 연구들을 이끄는 목표는 우리 삶의 경험에 대한 보편적 이해를 특정한 사회적·역사적 구조들로부터 괴리시키는 것이 아니라, 사회구조들이 실제로 어떻게 경험되고 아울러 삶의 와중에 어떻게 신체의 수준에서 재생산되는지를 보여주는 데 있다.

후설과 메를로퐁티가 사라 아메드(Sara Ahmed), 게일 샐러먼(Gayle Salamon), 리사 건서(Lisa Guenther), 그리고 다른 페미니스트 및 비판현상학자들의 연구 형성에 중요한 역할을 했다는 점은 주목해볼 만하다. 비록 후설이 우리 삶의 경험이 설명 가능한 방식으로 구조화되어 있다고 생각하기는 했지만, 그는 또한 경험의 불투명성을 보여주는바 삶의 경험이 가진 침전으로서의 속성과 변화하는 역사의 구조에 대해서도 인지하고 있었다. 이러한 변화하는 역사의 구조 안에서 삶은 사유되고 살아질 수 있으며 이는 삶이 가진 가변성을 증명한다. 페미니스트 현상학자들, 그리고 비판현상학자들은 현상학으로부터 상호주관성 속에 체현된 삶을 이해하는 보다 정확한 방법을 끌어내고자 해왔다. 이러한 상호주관성은 신체가 젠더와 인종 형성, 계급, 제도들, 그리고 심지어 감옥의 권력들과 맞물려 있는 것을 포함하는데, 이는 (신체의 여러 양태 중 쟁점이 되는 몇몇을 꼽아보자면) 신체의 움직임, 행동, 몸짓, 발화, 고통, 격정, 그리고 저항 등의 다양한 양태들에서 어떻게 권력이 재생산되고 또 겨루는지를 보여준다.

비판현상학의 대표 주자 중 한명이자 교도소에 대해 비판적 연구를 해온 리사 건서가 비판현상학에 대해 설명한 내용을 한번 들어보자.[6] 그는 다음과 같이 쓴다. "비판현상학이란 용어로 내가 의미하는 바는 경험에 대한 1인칭적 설명에 뿌리 내리고 있되, 1인칭 단수가 상호주관성보다 그리고 사회적 삶의 복잡다단한 구조보다 절대적으로 선행한다는 고전현상학의 주장에는 비판적인 방법론을 말한다."[7] 따라서 셸러가 비판했던 초월적 주체는 여기서 더욱 강력하게 부정된다. 건서는 옥중 파업, 특히 몇년 전 팔레스타인과 캘리포니아에서 동시에 일어났던 독방에서의 단식 투쟁에 대해 현상학적 분석을 제공한다.[8] 독방에 투옥된 이들은 모일 수가 없었으며, 그들은 일을 하지 않기에 그들의 파업은 작업 중단이 아니었다. 그럼에도 그들은 수많은 변호사들과 활동가들이 미디어를 통한 투쟁을 준비하던 때 동시에 단식 투쟁에 돌입했다. 비록 철저한 감금 상태에 있었지만 그들은 협력의 네트워크를 통해 자신들의 요구를 알릴 수 있었고, 잔인하고도 예외적인 처벌로서의 독방 감금에 저항하여 정치적 동원을 강화해낼 수 있었다. 그들은 또한 유색인종 여성들 및 모든 교도소 시스템을 제도적 폭력으로 고발하는 학자들이 주도한 교도소 폐지 운동에 활력을 불어넣는 데 일조하기도 했다.[9]

건서는 현상학과 정치가 어떻게 밀접하게 연결되어 있는지에 대해 다음과 같이 기술한다.

우리는 대규모 수감의 문제를 형벌 판결의 개혁, 입법의 변화를 통해, 더 나아가 인민을 교도소에서 풀어줌으로써 그리고 궁극적으로 교도소를 폐지함으로써 해결할 수 있는 딜레마로 접근할 수 있다. 그러나 이렇게 대규모 수감 문제를 '해결하는' 방법은 그 자체로 문제가 발생하는 상황들을 제대로 해결할 수는 없으며, 그런 방법들은 관리 감독이 아닌 형태의 감시와 규율 통제를 확장함으로써 수감의 논리를 보다 깊숙이 새기게 하는 등 문제를 더 악화시킬 가능성이 있다. 대규모 수감을 문제시하기 위해 우리는 그것이 얼마나 '그릇된' 것인지를 이해하고 '바로잡으려' 노력할 뿐만 아니라 책임과 처벌을 융합하는 것을 정상화하는, 불확정적이지만 또한 구성적이기도 한 구조들을 발견해내야만 한다. 이와 같은 일을 수행하기 위해 누군가에게는 안전과 번영을 약속하지만 다른 이들은 속박, 통제, 그리고 국가 폭력에 노출시키는 수감 권력의 네트워크와 관련해 우리 스스로를 자리매김해야만 한다.[10]

여기서 우리는 '당연한 것으로 만드는 과정'(naturalization)에 대한 현상학적 설명이, 즉 행동과 몸짓들이 정상화되고 당연시되는 과정에 대한 설명이 어떻게 활용되고 있는지 알 수 있다. 이러한 분석은 책임으로서의 투옥이 그저 생각으로서가 아니라 관습으로서 어떻게 당연시되고 있는지를 보여준다. 이는 교도소 폐지론자들이 그리고 있는 것이자 요하는 것이기도 한데, 만일 우리가 그러한 연결에 대한 믿음을 유예한다면, 만일 교도소에 대한 우리의 이해를 당연하지 않은 것으로 여긴다면(denaturalize), 우리는 이러한 버전의 세계가 분석 가능하고 중단 가능한 반복된 행동들을 통해 세워지거나 구성되어온 세계라는 것을 알게 될 것이며, 아울러 이러한 반복적 구조들에 의해 형성된 과정들이 중단되어야 함을 알게 될 것이다.

퀴어 이론가이자 비판현상학자인 게일 샐러먼은 이를 조금 다른 방식으로 설명하고 있는데, 자신의 논문 「비판현상학에서 무엇이 비판적인가?」에서 보이는 세계가 어떻게 당연시되기 어려운지를 보여주고 있다. 샐러먼에게 비판현상학의 과제는 세계를 향해 열어젖히거나, 세계를 새로운 사유의 장으로 다시 열어젖히는 것이며, "그런 열림이 기술(記述)의 작업을 통해서 드러나는 것"이다.[11] 푸코를 인용하면서 그는 다음과 같이 쓴다. "철학의 역할은 감추어진 것을 발견해내는 것이 아니라, 보이는 것을 보다 정밀하게 보여주는 것이다. 즉, 우리에게 매우 가까운 것, 매우 근접한 것, 우리와 밀접하게 연결된 것을 명백하게 보여주는 것이다. 바로 그와 같은 이유로 우리가 인지하지 못하는 것들을 말이다. 과학의 역할이 우리가 보지 못하는 것을 드러내는 데 있다면, 철학의 역할은 우리가 보는 것을 보도록 하는 것이다."**12**

비록 이러한 논리가 가진 시각 중심성에 반대할 수 있겠지만, 위 주장은 모든 감각을 아우르는 근접(proximity)의 중요성에 대해 조명해준다. 시간에 걸쳐 확립된 것들, 즉 세계를 '당연한 것으로 만드는' 특정한 구성 행위들을 통해 확립된 것들은 현재 사물의 질서가 영원하고 필수적인 것처럼 보이게 만든다. 우리는 또한 사라 아메드의 대단히 영향력 있는 저작인『퀴어현상학: 지향, 객체들, 타자들』을 참조할 수 있을 것이다. 이 책은 퀴어성과 성적 지향을 보다 넓은 차원에서 사유하기 위해 현상학의 공간적 지향성을 사용하고 있다. 즉, 우리는 세계 속에서 어떻게 움직이고 또 움직이지 않는가에 대해 논한다. 이 텍스트는 논의의 출발점으로서 체현과 공간에 대한 메를로퐁티의 시각을 취하고 있는데, 아메드의 표현을 빌리자면 객체들과의 관계를 통해 그리고 그 관계에 의해서 공간 속에서 위치를 갖게 되는 것의 의미를 재고하기 위해서라고 한다. 따라서 퀴어 독해의 실천들은 현상학에 대한 비판적 읽기 자체로부터 기인하는 것이다. 현재 학술지『풍크타』와 빼어난 학술 선집인『비판현상학의 50가지 개념들』**13**이 대표하고 있는 비판현상학 모임은 스스로를 "많은 이들에게 있어 '익숙한 것들'을 억압의 현장으로 만드는 공통의 권리 침해의 경험들을 찾아내고 변화시키기 위해 주변화, 억압, 권력의 경험들에 초점을 맞추는 노력"이라고 설명하고 있다. 나아가 그들은 자신들의 실천에 대해 설명하기 위해 숨결의 은유를 사용한다. 그들은 "현상학 전통에 새로운 삶을 불어넣기 위해 그리고 그 윤리적·사회적·정치적 전망을 드러내기 위해" 노력한다고 말한다. 이 책에서 우리가 처한 팬데믹 시대를 이해하기 위해 메를로퐁티의 "상호 엮임" 개념에서 무엇을 얻을 수 있을까를 고민하는 순간, 내가 부지불식간에 비판현상학자들의 논의에 참여하게 된 것은 아닌가 하고 생각한다.

서로에게 연결되어 있다는 것

메를로퐁티에게 있어 인간 생명체는 신체적 존재로서 세계 **안에서** 존재하는 동시에 세계는 **우리 안에**, 우리 위에 새겨진 객체들 안에 존재한다. 신체는 객체들 중의 한 객체로서 나타나지 않는다. 비록 후설이 상호주관성의 구조들에 대해서 쓰고는 있지만, 메를로퐁티는 다른 차원으로 나아가 기술적인 언어를 사용하여 철학적 이해는 형상과 병치에 의해 더 잘 수행될 수 있다고 주장한다.[14] 그의 시각에 따르면, 우리 삶의 상호주관적인 차원은 일종의 "상호 얽힘"이자 "중첩됨"으로서, 수사학에서 사용하는 교차대구(the chiasm)의 표상을 통해서 이해되어야만 한다. 교차대구란 두개의 별개인 개체들이 점유한 공유의 영역이 다른 모든 면에서 매우 명확하게 서로에게서 분기되는 것을 말한다. 신체가 무엇인가 하는 것은 어느 정도는 다른 신체에 대한 관계인 것이다. 그리고 그 관계성은 신체를 실체로 여길 때는 제대로 이해될 수 없는, 일종의 존재론적 상태로 여겨져야만 한다. 관계성은 개인 주체를 확립하기도 하고 동시에 해체하기도 한다. 여기 이것은 무엇인가를 혹은 누군가를 만지는 내 손이다. 그러나 그 접촉은 언제나 나 자신이거나 혹은 다른 종류의 존재와의 접촉이다. 이 말인즉, 그 접촉은 현상학적 의미에서 "지향적"(intentional)이라는 것이다. 만지는 것은 언제나 무언가의 접촉이다. 심지어 만져지고 있는 것이 자신일 경우에도 접촉의 대상 지향이 접촉을 규정하며, 심지어 시간을 소급하여 그 손의 현상학적 감각까지도 규정한다. 이러한 공식은 접촉이 가진 지향성과 **세계로 구축된** 속성 모두를 비판한다. 달리 말하자면, 만질 수 있는 세계는 그 상태이자 그 대상이기도 하다, 즉, 감각의 존재로 존재하기 위한 토대이자 우리가 감각하는 것, 그리고 그것의 어떠한 사례늘노 초과하는 감각인 것이다.

이 마지막 논의는 윤리에 대해 사유하는 데 중요하며 또한 우리로 하여금 호혜성 개념을 재고하도록 한다. 호혜성은 윤리적 책무와 사회 평등에 관한 이론에서 매우 중요하게 다뤄져왔다. 만일 신체와 감각의 수준에서 우리의 삶이 서로의 삶에 연루되어 있다고 이해하고 있는 메를로퐁티의 주장을 좀 더 확장한다면, 내가 하는 것, 나의 바로 그 행동은 물론 나의 것이지만, 그것은 또한 언제나 나 자신의 것이 아닌 어떤 것과의 관계를 통해, 혹은 그 자체로서 보다 능동적인 형태의 '나'에 대한 일종의 타자로서 나 자신과 맺는 관계를 통해 규정된다. 이러한 구조 안에서 윤리적 행동은 칸트(Immanuel Kant)에게서 기인한 방식대로 온전히 설명될 수 없다. 즉 모든 이들이 자신의 행동에 대한 준칙으로서 받아들이는 규칙에 따라서 행동한다거나, 혹은 모순 없이 내가 할 수 있는 방식대로 행동하면 다른 이들도 동일한 방식으로 행동할 것이라는 식의 가설 말이다. 그러한 가설에 따르자면, 타자는 나처럼 행동하고 있거나 혹은 내가 올바르게 행동하고 있다면 나처럼 행동해야만 한다. 그리하여 이와 같은 가설에서는 우리의 행동을 평행한 것으로서 여기며, 심지어 너의 행동과 나의 행동이 서로 복제된 것인 듯, 즉 나의 행동과 너의 행동이 모두 올바른 규칙들 혹은 행동들에 부합하는 것으로 가정하는 무조건적인 호혜성을 전제로 하고 있다. 혹은 나는 네가 위치해 있는 동일한 규칙들에 의해 방향을 맞추게 되고, 일련의 규칙들을 향한 우리의 공통된 지향성은 호혜성에 기반한 윤리적 행동을 가능하게 한다. 네가 나에 대해 행동하고자 하는 대로 나는 너에 대해 행동할 것이다. 즉, 동일한 행동이 개인적으로도 동시에 익명으로도 행해진다는 것이다. 혹은 동일한 종류의 행동이 양측 모두에게 동일한 규칙에 부합하도록 행해진다는 것이다. '나'와 '너'는 그와 같은 다양한 가설의 변이들이 나타나는 과정에서 수없이 등장하게 된다. 그런데 철학적 숙고를 요하는 윤리적인 시나리오 안에서 논의되기 전에 이 양극단의 관계의 두 축인 '나'와 '너' 사이에 가정되는 관계는 대체 무엇일까? 여기서 칸트가 어떤 방향을 제시해줄 수 있을까? 만일 **행하는 것**과 **행해지는 것**이 명료하게 구분되지 않을 정도로 다른 사람에게 무엇인가를 하는 것과 타자의 행동을 받아들이는 것이 동시에 일어난다면 어떠할까? 만일 우리가 "너를 만지는 것이 나를 무너뜨린다"라고 말한다면, 그렇다면 우리는 행위(activity)와 당하는 것(undergoing) 모두에 대해 전하고 있는 것이다. 당하는 것은 단순한 수동성이 아니라 성애적으로 중요한 차원에서 볼 때 그 기원들이 모호한 어떤 행동에 연결되어 있다. 앞의 장들에서 우리가 잘 설명해보았다시피, 만지는 사람은 또한 만져지며 또한 자신을 만진다. 이는 언제나 동일한 방식으로, 혹은 같은 정도로 그렇지는 않더라도, 나 자신에 대한 나의 반성적 관계와 행동하고 있는 다른 이에 대한 지향적 관계는 중첩된다는 말이다. 두 운동은 서로 교차한다. 그리고 두 운동이 교차하는 곳 혹은 시간은 성애적 삶에 대한 현상학을 위해서도 중요하며, 그 교차의 장소와 시간은 우리가 공동의 세계라는 말로 의미할 수 있는 것의 일부가 되기도 한다.

현상학에서 **지향적**(intentional)이라는 말이 '의도적' 혹은 '고의의'라는 뜻이 아니라 의식, 태도, 혹은 다른 관계성의 양태들의 일부인 어떤 객체에 연결되는 감각, 그런 객체를 지향하는 감각을 의미한다는 사실을 기억하자. 메를로퐁티를 따르자면, 우리는 방법론적 개인주의에 동의하면서 나와 너라는 두개의 개별적인 개인들로부터 시작할 수 없을 것이다. 우리는 또한 능동성과 수동성 사이의 엄격한 구분에도 쉽게 동의할 수 없을 것이다. 그 이유는 신체가 만질 수 있고 촉지할 수 있는 것들에 어떻게 연루되어 있는지와, 아울러 다른 신체들이 보이는 것, 그리고 들리는 것의 감각의 장에 어떻게 연루되어 있는지와 관련되어 있다. 이러한 장(場)들이 정확히 사람들 사이를 매개하는 제3의 규약이라든가 영역인 것은 아니다. 그것들은 감각들에 의해 수반되는 범주들 혹은 장들이다. 다양한 종류의 촉지할 수 있는 생물은 그 범주 안에서 서로 교차하고, 그 범주는 그들의 행동에 의해 암시되며, 그 자체로서 일종의 호혜적인 교차(chassé-croisé)인 것이다. 동일한 표면들을 만지고 있고 근처의 공기를 호흡하고 있는 서로를 발견할 때마다 그 관계들은 교차적인 것으로서 이해될 수 있다. 이러한 촉감 혹은 유형성의 영역들, 그리고 호흡과 호흡 가능성의 영역들은 우리 모두가 공유하는 것이기도 하면서 또한 다르게 공유하고 있는 것이기도 하다. 이는 또한 우리를 초과하여 접촉과 호흡의 매 순간에 우리를 내포하거나 혹은 아우른다. 그러므로 비록 그것들이 우리 사이의 공동의 일부일지라도 그것들은 또한 기쁜 것일 수도 끔찍한 것일 수도 있는 분할, 고통, 중첩의 현장들이기도 하다. 그리하여 공동은 개별성과 중첩됨 사이의 평행한 구분을 동시에 갖고 있다고 할 수 있다. 잘 알다시피 공동의 세계가 우리가 그것을 평등하게 공유하고 있다거나 혹은 우리가 독소나 오염 등에 동일하게 노출되어 있음을 의미하는 것은 아니다. 이는 드니스 페레이라 다 실바(Denise Ferreira da Silva)가 "분리 가능성 없는 차이"라고 일컬었던 것이다.[15]

메를로퐁티는 주체와 객체 사이의 거리를 전제하는 인식론적 실천에 도전하는 언어를 찾아내고자 했다. 그는 지향성을 주체와 세계 사이의 포용(embrace)이라고 부른 바 있다.[16] 그것은 메를로퐁티가 앎의 주체적 구조들과 알 수 있는 것들의 상쇄의 장 사이의 상호 관계를 다시 기술하는 방법이었다. 의식과 세계는 서로 맞물리게 된다. 의식은 세계를 그대로 알고자 하는 구조들을 갖추게 되고, 세계는 알려지고자 하는 의식에 스스로를 내어준다. 이와 같은 생각의 타당함은 지향성에 대한 중세 교리의 일부이자 현상학의 유산으로 이어져오며 지속되고 있다.[17] 이 생각이 나를 납득시킨 것은 아니지만 그 조화로운 포용에의 주장은 높게 평가하고 싶다. 이는 멋진 생각이지만, 만일 그것이 기쁨보다는 고통을 주는 일종의 옭죄기라면 어떠한가? 만일 의식과 세계가 서로 정말 어울리지 않는 것들이라면 어떠한가? 이는 어떤 세계인지, 그 한계들이 어떻게 확정되는지, 그리고 지속되는 '사실들'이 어떻게 당연한 것으로서 여겨지는지에 달려 있는 문제가 아니던가? 심지어 그러한 세계를 불평등, 생태학적 피해, 그리고 죽음으로 몰아가는 자본주의에 의해 경계지어진 이 세계, 아니 이 세계들로부터 구분해낼 수 있을까?

메를로퐁티의 은유들은 모든 면에서 성애적이면서도 조화롭다. 심지어 "상호 얽힘"도 나쁜 기획처럼 보이지 않는다. 비록 그가 『휴머니즘과 폭력』에서 분명하게 이를 천명하긴 했지만, 내가 보기에 메를로퐁티는 불안정한 분화 형태로부터 나타날 수 있는 분노를 과소평가했다.[18] 분화에 대한 정신분석학적 접근은 신체의 경계들에 관해 분명히 다른 사유를 보여줄 것이다. 사회 이론은 경계지어진 신체의 특성을 이해하는 다양한 방법들이 어떻게 개인주의 형태들과 관련되어 있는지를 보여줄 수 있지만, 정신분석학은 그러한 경계들을 어느 정도는 상상의 것으로 여길 수 있는 방법을 제시해준다. 개별성이 제거된 채 타자들과 융합되어 있는 경계 없는 존재에 대한 정신적 공포는, 외부로의 개방 없이 온전하게 방어되거나 차단되는 경계들에 대한 욕망과 관련하여 사유해야만 한다. 군중심리에 대한 프로이트의 설명은 파괴적 목적을 위해 사회적 유대가 주조되는 상황에 대한 한가지 좋은 예일 것 같다. 개인주의와 파시즘이 가진 사회심리적 차원들은 우리에게 "상호 얽힘"과 심지어 "포용"으로서의 사회적 유대라는 이상주의적 관념에 대해 사유할 수 있는 또다른 방법을 제공한다. 만일 우리가 메를로퐁티의 낙관적 "포용"을 타자들과 세계에 대한 지향적 관계들을 사유하는 한가지 방법으로서 여긴다면, 그것이 결국 폭력의 가능성을, 정신적이고 정치적인 차원에서 방어용 경계들을 세울 가능성을 제외하거나 축소하게 된다는 것은 자명한 것 같다. 그러나 의존성에의 그리고 상호의존성에의 관계는 언제나 유아기의 의존성에서 온 돌이킬 수 없는 흔적들에 사로잡혀 있다. 즉, 부모의 형상들로부터 완전히 분화되기 위한 길고도 실패로 가득한 투쟁, 쉬이 성적 폭력으로 이어지거나 혹은 방어력을 무력하게 만들 수 있는 신체적 경계들에 대한 혼란에 사로잡혀 있는 것이다. 비록 메를로퐁티가 철학자로서뿐만 아니라 심리학자로서도 훈련받았지만, 그의 텍스트를 보면 그의 이상주의에 대해 정신분석학적 반론이 필요한 부분이 있는 것 같다. 형상(imago)으로서의 신체의 경험, 혹은 신체적 자아(ego)의 경험이 실경험과 괴리되어 대조를 이룰 때 따르는 환상, 상실, 그리고 그에 따르는 심리적 불안은 어디에 있을까?● 메를로퐁티를 꼼꼼하게 읽어냈던 프란츠 파농(Frantz Fanon)은 이 사실을 알고 있었다. 그리하여 그는 정신분석학을 가져와 인종적 상상계 내의 신체적 삶에 대한 그의 현상학적 설명에 적용했다.[19]

＊

내가 이 책 전반에 걸쳐서 독자들께 상기시켰던 '우리'를 여

● 원문에서 이 문장은 불완전한 평서문의 형태이지만 평서문으로 읽을 경우 문장 구성의 필수 요소가 생략된 비문으로서 문맥상 의문문으로 추론하여 번역을 했음을 밝힌다.

기서 불러오는 것은 아마도 가능하지 않은 것 같고 오히려 야심찬 것으로 보일 것 같다. 야심찬 독해란 너무 오랫동안 고정된 방식으로만 읽혀왔던 텍스트들에 생기를 불어넣는 것을, 혹은 텍스트를 통해 불안과 상실에 빠진 시대에 새로운 생명을 부여하고자 하는 독해를 말한다.[20] 우리는 서로에게서 온전히 독립되어 있지 않다(그리고 온전히 똑같지도 않다). 왜냐하면 우리는 그 어떤 계약이나 동의보다 먼저 이미 서로의 삶에 연루되어 있기 때문이다. 나아가 우리는 그러한 사실이 근접성, 상호의존성, 사회적 관계들 자체의 불가피성에 대해 함의하는 바에 대해서 격분할 수도 있을 것이다. 이는 아마도 우리가 지속해 살아가는 문제에 관한 한 우리는 상호의존적이기 때문이며, 대기 오염, 바이러스 전염, 신체 접촉, 산업재해, 성범죄 등과 같은 문제들을 규제하는 방안을 찾아야 할 수밖에 없기 때문이다. 그러한 규제들은 어떤 이들은 치르고 싶어하지 않을 대가를 지불해야만 가능한 것들이다. 이러한 이들이 주장하는 바, 파괴할 수 있는 그들의 권리는 실로 개인적 자유에 대한 그들 스스로의 이해, 그리고 이윤 추구의 권리와 밀접하게 연결되어 있다. 이것들은 모두 우리가 해결해야만 하는 문제들인데 왜냐하면 사회적·경제적 삶은 명확히 역사적으로 구성되어 있기 때문이다. 우리는 그러한 형태의 삶들의 정의를 보다 확장할 수 있는 힘을 행사하기 위해 노력해야만 한다. 동시에 바로 그 사회적 구성에 의해 추정되는 영역들이, 그것이 없다면 상처받을 가능성, 감수성, 정념, 그리고 민감성을 포함하는, 체현된 삶을 생각할 수 없는 영역 혹은 지대, 혹은 장들이 존재한다. 비록 우리가 **사회적으로** 취약한 존재가 되는 방식들에 대해 우리는 분명히 반대하고 있지만, 그것이 우리가 신체적 취약성을 배제할 수 있다는 것을 의미하는 것은 아니다. 우리가 숨 쉬고 있는 공기의 질에 이의를 제기하고, 그 공기에 의존하고 있는 우리 자신들과 모든 생명체들을 위해 그것을 건강하게 유지하는 규제들을 통과시킬 수 있지만, 그 어느 누구도 생존을 위한 공기의 필요성을 인정하지 않을 수는 없다. 심지어 사회적으로 구성되지 않는 근본적인 필요조건들이란 존재하지 않는다고 말한다고 할지라도, 그 말이 그러한 필요조건들이 사회적 구성의 단순 효과들임을 의미하는 것은 아니다. 이러한 일련의 논증은 사회 구성의 교의에 대한 몰이해에서 비롯된다고 나는 주장하고 싶다. 유해한 환경이 신체 안으로 들어와서 신체 형성의 일부가 될 때, 그 신체들의 성장과 뼈와 폐를 비롯한 생물학적 기관들은 영향을 받을 수밖에 없다. 우리는 여기서 신체의 사회적 구축에 대해 말하고 있지만, 때때로 성(sex)의 사회적 구축을 의미하고 있기도 하다. 이는 어떤 표면 위에 펼쳐진 허구가 아니라 환경이 바로 우리의 신체 안으로 들어와 우리의 삶의 전망을 결정짓는 방식인 것이다.[21]

우리가 근본적 필요조건 혹은 필수 요건이라고 부르는 것들은 언제나 사회적으로 조직되어 있다. 그러나 바로 그러한 이유로 사회적으로 완전하게 생성되지 않는다. 반대로 수요와 필요가 사회적 조직화를 추동하며, 그 두가지는 함께 나타난다. 그러나 필요조건들을 사회적으로 구성하는 데에는 많은 방식들이 있기 때문에 우리는 필요와 사회적 구성 사이의 분기를 보게 된다. 아마도 '필요조건'이라는 단어 또한 불필요할 수도 있다. 삶에서 근본적인 필수 요건들, 생명의 지속 혹은 존속을 위해 갖춰야 하는 조건들을 일컫는 다른 방식이 있지만, 우리가 단어를 찾아야만 한다는 사실은 명명될 무언가가 존재하고 있음을 함의한다. 나는 맑스의 『1844년의 경제학 및 철학 초고』가 이와 같은 질문을 탐색할 수 있는 지점이라고 주장하고자 한다.[22]

그러나 메를로퐁티는 우리를 기본적 필요조건에 대한 주체-중심적 설명으로부터 멀리 이끈다. 그가 단수의 인간 주체가 필요로 하는 것에 대해서 질문하고 있지는 않지만, 그는 주체의 형성 과정에서 세계의 감각적 차원들이 주체를 포섭할 때 세계와의 체현된 만남으로부터 나타나는 사회성의 필요에 대해서는 논의하고 있다. 그러므로 우리가 접촉을 말할 때, 우리는 만질 수 있는 능력이 있는 주체, 만져짐에 동의하는 주체, 혹은 접촉을 통해 다른 이를 발견하고자 하는 주체에 대해서만 관심이 있는 게 아니다. 비록 이 모든 행위들이 중요한 주제이기는 하지만 말이다. 접촉은 어떤 면에서는 브뤼노 라투르(Bruno Latour), 이자벨 스탕제(Isabelle Stengers), 도나 해러웨이(Donna Haraway)가 기술한 것처럼 촉수적인 것(the tentacular)에 포함된다.[23] 메를로퐁티에게 만질 수 있는 것은 우리를 사로잡는다. 보이는 것은 보아지는 것과 관련하여 내가 보고 있는 것을 통제하는 장(場)이라 할 수 있다. 이같이 다루기 힘든 전도 가능성은 나의 성찰이 타자들에 대한 그리고 사물들에 대한 관계와 중첩될 때, 그리고 나에 대한 그것들의 관계와 중첩될 때 다시 한번 나타난다. 우리가 행동하는 장은 우선은 주체와 타자 사이를 중재하는 제3의 항(項)으로서 나타날 수 있지만, 사실 그것은 주체와 객체 모두를 가로지르면서 주체/객체의 이분법을 탈구시킨다. 실로, **세계**는 그와 같은 항으로 판명될 것이며, 내가 언급했던 이 모든 장(場)들은 감각들, 그리고 이제 타자들, 생명체들, 사물들, 그리고 골치 아프게 분할되어 있는 공동의 세계에 대한 감각적 차원들 안에 불가분하게 연루되어 있는 것으로서 재정의된 신체적 경험들 안에서 그리고 그것들을 통해서 세계가 그 가능성을 제시하는 방식들일 수도 있다.

만일 우리가 서로의 안에 빠져 있다면, 혹은 우리의 삶이 접촉과 호흡의 영역에 의존적인 다른 삶들을 내포하고 있다면, 내가 팬데믹하에서 어떻게 하면 가장 잘 살 수 있는가라는 윤리적 질문을 제기할 때 나는 개인주의와 민족주의 모두를 넘어서 나 자신의 입장을 재정립해야만 할 것이다. 이와 같은 상호 연루의 현장에 관한 논의로 시작하면서 그렇다면 나는 팬데믹과 같은 상황에서 어떻게 행동하고 무엇을 행할지를 묻고 있는 것이며, 그리하여 나는 나의 행동이 이미 너의 행동과 연결되어 있음을 알게 된다.[*] 즉, 나의 행동은 나만의 것이 아니며, 비록 우리가 분명 별개의 존재일지라도 이와 같은 상호 연루의 관계에서 쉽게 벗어날 수는 없다는 것이다. 그러한 상호 관계의 존재 이유 한가지는 우리가 만질 수 있는 것, 보이는 것, 숨 쉴 수 있는 것, 그리고 먹을 수 있고 섭취할 수 있는 것의 장(場)들에 의존하고 있기 때문이며, 아울러 주거지와 의료보험 및 삶을 가능하게 하는 인프라를 비롯한 다양한 지원들에 의존하

---

[*] 이 문장은 등위접속사나 종속접속사가 필요한 문장이지만 원문은 접속사 없이 각 문장이 쉼표로 나열되어 있다. 문법에 맞게 접속사가 있다고 전제하고 번역했음을 밝힌다.

고 있기 때문이다. 물론 의존성이 끔찍한 것일 수도 있다. 예를 들어 의존성은 착취, 감금, 합법적인 박탈과 같은 형태를 취할 수도 있고, 또 지배의 현장 혹은 원치 않은 자아-상실의 현장이 될 수도 있다. 그러한 경우에는 평등의 이상들이 사라지듯이 호혜성 역시 사라진다. 따라서 우리의 과제는 단순히 상호의존성을 긍정하는 것이 아니라 가장 좋은 형태의 상호의존성을, 즉 급진적 평등의 이상을 가장 명확하게 체현하는 상호의존성을 찾아내고 만들어내고자 집단적으로 노력하는 것이다.

만일 윤리가 어느 정도는 그 어떤 의도적 행위보다 먼저 존재하고, 그러한 의도들이 발생하는 지평을 형성하는 유대 관계와 우리가 부분적으로 공유하고 있는 삶의 조건들에 대한 의존성들을 인정하는 문제일까?[*] 비록 유대들이 사회적 존재론의 일부로 이해될지라도 이것이 유대가 실제 구현된 것으로서 추정될 수 있음을 의미하는 것은 아니다. 오히려 우리의 과업은 마치 처음인 것처럼 자기 이익으로도, (인종차별의 알리바이인) 공동체주의로도, 그리고 (국경에서의 폭력과 인종차별의 알리바이인) 국가 정체성으로도 흘러 들어가서 희석되지 않는 호혜적 관계를 확립하는 것이다. 그 과업은 곧 우리가

● 본 문장은 의문문의 구조이지만 마침표로 끝나고 있다. 편집상의 오류로 판단되어 수정하여 번역했음을 밝힌다.

그와 같은 배경을 고려하여 평등을 상상해내는 동시에 윤리적 관계성을 상호 얽힘으로서, 혹은 중첩으로서, 혹은 심지어 교차로서 재고해내는 것이다. 별개의 '나'는 그 단수성을 여전히 유지하지만 더이상 그러한 윤리의 기반이 되지 않는다. 아니다. 그런 종류의 기반은 상호의존과 관계성의 부정을 통해 만들어지는 것이며 따라서 전복되어야만 한다.

나는 **비극적인 것이라 불리는 세계—형성에서 대체 어떤 가치가, 혹은 어떤 가치들이 파괴되는가**라는 질문을 던지기 위해 잠시 셸러로 돌아가면서 이 책의 논의를 시작했다. 나는 팬데믹이 부분적으로는 나를 셸러로 이끌었다고 생각하는데 왜냐하면 이 시대에 현재 일어나고 있거나 혹은 일어날 위험이 있는 것처럼, 팬데믹이 이상으로서의 삶의 평등한 가치가 파괴되는 결과를 낳고 있기 때문이다. 생명이 스러지거나 파괴될 때, 혹은 죽음을 예방할 수 있음에도 생명이 죽도록 내버려둘 때 가치의 파괴가 일어나는데, 여기서 파괴되는 가치는 삶의 가치이다.[*] 즉, **모든** 생명은 동등하다거나 혹은 평등하게 여겨져야 한다는 주장을 고려할 때에만 타당해지는 가치 말이다. 이는 역설적으로 들릴 수 있는데 왜냐하면 기념비나 회고록 등에서 볼 수 있

• 본 문장 역시 주어부와 술어부가 의미상 맞지 않는 비문이지만, 문맥을 고려하여 최대한 의역했다.

듯이 이러저러한 생명의 가치는 종종 그 삶 혹은 그 가치의 단수성에 의존하고 있기 때문이다. 그러한 이유로 일부 사람들은 가치가 단수성 안에서 발견될 수 있다고 가정하면서 동등한 가치의 긍정이 이러저러한 생명의 유일무이한 단수적 가치를 위협할 것이라고 두려워하기도 한다. 그러나 수많은 사람들이 공격, 폭격, 사고, 그리고 질병 등으로 죽임을 당할 때 공적 애도가 따라야만 하고 잃어버린 생명들은 그 가치를 인정받아야만 한다. 잃어버린 가치는 종종 공유되고 있는 가치이거나 혹은 집단으로서의 인민에 속한 가치로서 여겨지곤 한다. 이런 식으로 생명의 가치에 대해 혹은 생명들의 가치에 대해 말하는 것은 놀라우리만치 어려운 일인데, 왜냐하면 가치라는 용어가 그동안 너무나도 철저하게 시장의 그리고 경제적 가치에 의해 선취되어왔기 때문이다. 예를 들어 사고로 유명을 달리한 이들의 부고들 중 일부는 인간 자본의 개념에서 기인하는 가치 생산의 형태에 의존하고 있다. 그런 부고들은 사람으로서의 그들의 가치에 대한 평가가 시간이 지남에 따라 어떠했는지를 전망하면서 망자의 죽음의 깊이와 가치를 그가 성취했던 것들, 그리고 미래의 가치를 만드는 잠재력 혹은 미래 세대를 위한 잠재력과 연결한다.[24] 우리는 실직했거나 신자유주의적 척도가 긍정하는 그 어떤 것도 제대로 할 수 없었던 이들을 칭찬하는 공개 부고는 거의 찾아볼 수 없다. 만일 망자가 여성이라면, 부고 속에서 그녀의 가치는 아이들을 길러내거나 이웃을 보살피는 것에 있는 가정의 영역이라는 틀 안으로 재빠르게 포섭된다. 시장가치와 신자유주의 가치는 상실된 삶의 가치를 제대로 전달할 수 없는데 왜냐하면 그것들은 그 자체로서 상실의 기제의 일부와 다름없기 때문이며, 시장을 계속 열기 위해 생명을 희생하며 시장의 가치를 우선시하는 죽음욕동을 위한 나침반이기 때문이다.

1장에서 나는 팬데믹 상황하에서, 그리고 누군가의 죽음에 대해서 결정을 내리는 침묵의 혹은 공공연한 셈법들의 영향력하에서 산업계와 대학들이 작동해나가는 가치의 척도에 대해서 말했다. 시장의 재활성화를 위한 적절한 비용을 치르기 위해 얼마나 많은 죽음이 있어야만 하는가? 그러한 셈법들 속에서 활성화되는 가치들은 무엇인가? 그리고 **이것은 대체 어떤 세계란 말인가**라는 절규로 이어지고, 아울러 그와 같은 세계에 대한 비난과 다른 차원의 집단적 가치들에 의해 지배되는 세계에 대한 감각을 활성화하거나 갱신해야 한다는 긴급한 요구로 이어지는 질문인바, 그러한 세계에서는 어떤 가치들이 파괴되는가?

적절한 수준의 사망률이란 질문은 대개 자신은 그 공식의 인수(因數)가 아닐 것이라 여기는 이들이 제기한다. 용인할 만한 수준의 죽음을 계산하는 사람은 일반적인 통계에서 잠재적으로 사망자로서 집계될 수 있는, 죽을 수 있는 인간으로 나타나지 않는다. 계산의 행위는 그 인간을 유한의 영역 밖으로 끌어올리고 삶과 죽음이 계산 가능한 타자들로 이루어진 분리된 집단을 만들어낸다. 계산은 계산하는 자를 적어도 환상의 영역에 있어서는 계산 가능한 죽음으로부터 구원하는 듯하다. 실로, 사망률의 계산에는 언제나 환상의 차원이 개입되지 않던가? 우리가 포스트–주권적 형태 혹은 신–주권적 형태의 계산이라고 부를 만한 것이 애도 가능성의 척도에 의존하는 불평등이 득세하도록 만들고 있다. 누구의 죽음이 명명되지도 못한 채 조용히 계산되고 있는가? 그러한 경우에 사회적 불평등은 죽음의 정치의 폭력과 함께 작동하고 있는 것이다.

만일 팬데믹이 대중의 의식 속에 일터, 가정, 그리고 거리와 연관된 실제 공포의 감각을 악화시키는 제도, 가정, 그리고 공공 영역 속 불평등의 윤곽을 확실하게 새겨 넣었더라면, 그것은 우리에게 저항으로의 길을 명확히 제시했을 것이다. 아울러 팬데믹이 기후 정의의 긴급한 필요성과 기후 정의 운동에 참여하면서 시위에 나선 이들의 필요성을 보다 명료하게 강조했더라면 그것은 자발적 정치적 동원을 향한 또다른 길을 제시했을 것이다. 그러나 지금 우리가 구축하는 정치가 무엇이든 간에 저 두가지 형태의 파괴에 저항하기 위해서 불평등 문제와 기후 정의 문제를 꼭 함께 다루어야만 한다.[25] 더 나아가, 이번 팬데믹 중에 나타난 돌봄의 공동체들은 새롭고도 생명을 주는 사회적 형태들을 구축했고 거소의 개념을 가정과 국가 이상의 것으로 확장시켰다. 우리로 하여금 새로운 방식으로 듣고 보도록 하는 온라인상의 공공 예술에도 마찬가지의 변화가 일어나고 있다. 그러나 흑인과 갈색 피부 인종 사람들, 여성과 남성, 트랜스 인민들, 브라질이나 안데스산맥 일대 지역에서 볼 수 있는, 혹은 미국과 캐나다 내 과거에 양도되지 않은 원주민의 땅에 살고 있는 아메리카 원주민들과 '트라베스티'(travesti)●들에 대한 경찰의 폭력은 경제적 현실주의라는 미명하에 작동하며 시장 광신자들이 조장하고 받아들이는 조직적 형태의 죽음 유도와 그 궤를 같이한다.

한가지 제안은 팬데믹하에서 책임감 있는 자본주의를 추구하라는 것이다. 즉, 취약한 집단을 내팽개치지 않는, 혹은 그러한 집단들이 그들의 면역체계를 보호할 수 있도록 제대로 격

● '트라베스티'는 중남미에서 태생적 성별과 선택한, 혹은 선택하지 않았더라도 스스로가 느끼는 젠더가 불일치한 이들, 즉 트랜스젠더들, 그리고 복장전환자들 모두를 일컫는 말이다.

리할 수 있게 하는 자본주의 말이다. 그러나 이것만으로는 부족하다. 나는 '취약한 집단들'을 식별해내고자 하는 노력이 있음을, 즉 바이러스에 노출되었을 때 자신의 건강이 파괴되고 생명이 위협받을 가능성이 특히 큰 이들과 병원체로부터 생명을 잃을 위험에 처해 있지 않은 이들을 대조하고자 하는 노력이 있음을 분명히 알고 있다. 이같이 취약한 이들에는 생애 전체를 통틀어 그리고 이 국가의 역사를 통틀어 제대로 된 의료보험의 보장을 박탈당해왔던 흑인 및 갈색 인종 공동체, 빈민들, 이주민들, 수감자들, 장애인들, 의료보험의 권리를 얻기 위해 투쟁하는 트랜스와 퀴어 인민들, 그리고 이전에 질병을 갖고 있었거나 지속적인 의료적 문제들을 갖고 살아가는 이들이 포함된다. 팬데믹은 의료보험에 접근할 수 없거나 너무 비싸서 가입할 수 없는 모든 이들이 질병에 대한 극도의 취약함에 노출되도록 만들었다. 그러나 여기에서 논점은 그러한 집단을 격리하자는 것이 아니라 그들이 동등한 권력과 소속의 권리를 보유하기 위한 조건들을 창출하고 유지하자는 것이다. 이때 시장가치는 결코 길잡이가 될 수 없다. 오미크론 변이 시기에 "매일 오직 2000명만이 죽고 있습니다!"라고 환호한 이들은 그 숫자를 기꺼이 받아들였을 뿐만 아니라 완전히 환희에 차 옹호한 것이다.

아마도 취약성에 대해서는 적어도 두가지 잠정적인 설명이 따를 수 있을 것 같다. 취약성은 사회적 삶, 상호의존성, 노출과 신체의 침투성을 통해 우리 모두가 공유하는 상태를 말한다. 그것은 주변화된 이들에게는 팽배한 사회적 불평등의 치명적인 결과로서 보다 큰 사망 가능성을 의미하기도 한다. 그렇다. 오미크론 변이 시기에 유명을 달리한 많은 이들은 백신을 맞지 않았던 이들이었지만, 그럼에도 백신 반대 여론은 그러한 죽음에 그저 부분적으로만 책임 있는 것이 되었다. 죽음의 정치를 휘두르는 정부들로부터 내려오는 공문들을 왜 많은 이들이 불신하는지에 대해서는 납득할 만한 이유가 있고, 어떤 이들은 백신에 대한 교육이나 백신 자체에 대해 거의 접근할 수 없기도 하다. 그리고 면역저하자들 등 어떤 이들에게는 백신이 작용할 수 없기도 하다. 의기양양한 공리주의란 그저 "그들을 죽게 내버려두라"는 말을 하는 것과 다르지 않다.

4장

살아 있는 이들에 대한
애도 가능성

『비폭력의 힘』에서 나는 애도 가능한 이들과 애도 가능하지 않은 이들 사이의 구분이 사회경제적 불평등의 작동과 그 의미의 일부일 뿐만 아니라 폭력의 표현까지는 아니더라도 폭력의 효과임을 주장한 바 있다.[1] 애도 가능하다는 것은 무엇을 의미하는가? 우리는 죽은 누군가가 혹은 상실된 무엇인가가 애도 가능하거나 혹은 애도 가능하지 않다고 생각할 수 있을 것이다. 즉, 그 상실은 공적으로 기념되거나 인정되는 상실일 수도 있고, 혹은 인정의 과정이 거의 혹은 전혀 없이 어떤 흔적조차 남기지 않은 채로 지나가는 상실일 수도 있다. 물론, 더 작은 규모의 집단이라면 더 강렬하고도 오래 상실을 애도할 수도 있다. 하지만 상실과 애도는 인간의 가치를 추적하는 지배적인 레이다에는 나타나지 않는다. 나의 주장을 비롯한 관련 논의들은 그 의미가 모호한 것으로 보이는 '인정'의 개념화에 기대고 있다. 나는 애도가 상실을 인정하고, 상실의 현실을 마음속에 새기며, 나아가 상실의 사건 그 자체를 알고 싶어하지 않는 방어의 기제를 해체하는 과정으로 이루어져 있는 「애도와 우울증」 속 프로이트의 주장을 끌어오고 있다. 이런 종류의 인정은 시간을 요하는 노력이자, 가늠하거나 받아들이기 어려울 수 있는 상실을 반복적으로 마주하며 그 강도를 누그러뜨리는 노력이다. 프로이트는 애도는 현실의 다른 순간들이, 누군가 혹은 무엇이 돌이킬 수 없도록 가버렸다는 사실을 확증할 때 조금씩 일어난다고 주장한다. 오직 어느 정도 시간이 지나야 우리는 누군가가 정말로 사라졌다는 사실을 보게 되거나 느끼게 된다. 그 사람의 거기-없음이 다른 상황들 속에서 확인될 때, 프로이트 자신의 언어를 빌리자면 "현실의 판결"이 시간이 지남에 따라 우리에게 전달되는 것이다.[2] 현상학의 언어로 말하자면, 어떤 사람은 이제 오직 돌이킬 수 없도록 가버렸다는 양태로서만 존재한다고 말할 수 있을 것이다. 프로이트는 우울증을 상실이 일어났다는 사실을 인정하는 것에 실패한 것으로 설명한다. 우울증은 종종 불평, 낙심, 혹은 자기비난 등 외부로 표출되는 부인(否認)의 형태로 무의식적이면서도 격렬하게 일어난다.

　그렇다면 애도와 우울증 사이의 차이는 인정의 문제로 향하는 것 같다.『젠더 트러블』이래 나는 우울증의 분석을 개인의 정신적 문제를 넘어서 특정한 종류의 상실들이 기념될 수 없거나 혹은 그 가치가 인정될 수 없을 때 확고해지는 보다 넓은 차원의 문화적 양상으로서 이해하고자 했다. 우리의 사랑이나 애착이 인정될 수 없고 그 사랑을 상실하는 환경에서 우리는 그 사랑도, 그 상실도 인정할 수가 없다. 그리하여 그것은 우리를 우울증적 상태로 만든다. 즉, 우울감과 조증 모두의 요소들을 포함하는 상태, 혹은 그 두 상태 사이를 진동하는 특징을 갖는 상태 말이다.[3] 우울증에 대해서 고민할 때, 우리가 상실한 것이 **무엇**인지가 중요하다. 그것은 어떤 사람일 수도, 그 사람에 대한 사랑일 수도 있지만, 프로이트는 그것이 어떤 이상일 수도 있음을, 즉 그 사람이 어떠했어야만 했는지에 대한 환상 혹은 실제로 국가와 같은 어떤 이상일 수도 있음을 명확히 밝히고 있다. 미국의 여러 주(州)들에서 백인 인구의 이점이 상실되고 있다는 사실은 백인우월주의자들이 패권에 대한 환상을, 즉 결코 가능하지도 않았으며 결코 누려서도 안되었던 그 이상을 잃어버려야만 한다는 것을 의미한다. 백인우월주의자들이 평등에 대해 비난을 퍼부을 때, 그들은 이제 애도해야만 하는 그 상실을 거부하고 있는 것이다. 부디 그들이 그 애도의 과정을 가급적 빨리 끝낼 수 있기를 바라보자.

학자로서의 연구 활동 초기에 나는 어떤 형태의 시스-남성성(cis-masculinity)은 다른 남성들에 대한 그 어떤 사랑도 부정하는 것에 달려 있다는 점에서 젠더 자체가 부분적으로 우울증에 의해 구성된다고 주장했다.[*] 어떤 이들에게 남자라는 것은 다른 남자를 결코 사랑한 적이 없고 결코 남자를 상실한 적이 없다는 것을 의미한다.[4] 이와 같이 다른 남자에 대한 사랑과 상실을 '결코 해본 적이 없다'는 것은 문제시되는 젠더로 구성되어 들어가는 부정인데, 이는 그러한 형태의 남성성 속에 살고 있는 이들 사이의 무의식적인 유대를 형성하는 일종의 우울증적 형성 과정이라 할 수 있다. 마찬가지로, 우리가 결코 게이가 되지 않을 것이고 결코 게이인 적이 없었다는 주장은 일종의 저항으로 볼 수 있는데, 이 주장은 다른 어딘가에서 오는 또다른 목소리가 이와 같은 주장에 대항하는 시각을 장려하고 있음을 이미 함의하기 때문이다. 그러한 저항은 상실에 대한 인정을 왜곡하지만, 또한 훼손된 형태의 인정으로 읽힐 수도 있다. 동성애적 욕망의 감정들이 비교적 보편적인 것

---

[*] '시스'(cis-)는 타고난 생물학적 성과 젠더정체성이 일치할 때 붙는 접두어이다.

으로, 즉 사회구조에서 일종의 '풍토병'으로 여겨진다면 어떠할까? 수십년 전에 내가 물었던 질문은 이런 종류의 젠더 우울증이 모종의 문화적 보편성을 갖고 있는지, 그리고 우리가 문화적 우울증에 대해 말할 수 있지 않은지였다. 즉, 자신들이 동성애적 욕망을 가지고 있을 수 있다는 가능성을 그저 생각만 하는 것조차도 강경하게 부정하는 것에 자신의 남성성을 다소간 의존하고 있는 이성애자 남성들 사이에서 공통적으로 발견되는 그 문화적 우울증 말이다. 물론 우리는 이런 종류의 부정에 부합하지 않는 광범위한 남성성들이 시스-, 퀴어, 그리고 트랜스의 삶에 존재함을 알고 있다. 그러나 이 프로필에 여전히 들어맞는 규범적인 남성성은 분명 존재한다. 이와 같은 이론을 구성했던 당시에 나는 부분적으로는 알렉산더 미처리히(Alexander Mitscherlich)와 마르가레테 미처리히(Margarete Mitscherlich)의 연구서 『애도할 수 없음』의 도움을 받았는데, 이 책은 전후 독일에서 팽배했던 우울증에 대해서 기록하고 있다.[5] 당시 독일인들은 자신의 상실들, 혹은 사실은 그들 자신의 파괴성을 인정하거나 애도할 수 없었던 것 같다. 그러나 그들은 진정 명명할 수도 없었던 파괴와 상실의 경험에 사로잡혀 있기도 했다. 나치 시대에서 1950년대의 경제 성장으로의 급이행은 당시 팽배했던 우울의 감각, 즉 전근대기의 선례들을 분석하며 프로이트가 우울증이라 불렀던 것, 그리고 팬데믹하의 오늘날 문화적 현상으로서 다시 등장한 그 우울증과 함께 시장과 미래성에 대한 시장의 특정한 감각에의 정신병증적 광기를 초래했다.

최근 몇년간, 나는 전쟁과 인간 삶에 대한 공적인 공격들에 대해 사유하고자 했고, **누구의 삶이 공적 애도의 대상이 될 수 있고 누구의 삶은 그렇지 않은가**라는 질문을 한 바 있다.[6] 미국이 그들이 죽인 이들을 결코 애도하지 않고 미국 시민들만을 애도한다는 사실, 특히 백인이고 재산이 있으며 결혼을 한 이들이 가난하고 퀴어이고 흑인 혹은 갈색 인종이거나 미등록이주자인 이들보다 더 쉽게 애도된다는 사실이 중요하다고 생각했다. 살아 있는 인간들은 자신들이 애도 가능한 계급들에 속하는지에 대한 감각을 갖고 있다. 어떤 살아 있는 이들을 가리켜 그들이 애도 가능하다라고 말하는 것은, 그들이 죽었을 때 그들이 애도될 것이라고 말하는 것이다. 이는 또한 세계가 그 삶을 유지하도록, 그리고 그 삶의 제한 없는 미래를 지지하도록 조직되어 있다고, 혹은 조직되어야만 한다고 말하는 것이다. 그리고 식량, 거주지, 의료보험에 대한 확신이 없다고 느끼며 살아가는 이들은 또한 자신들의 폐기 가능성을 감각하며 살고 있는 것이다. 폐기 가능성이라는 감각을 온몸을 통해 느끼며 산다는 것은 우리가 그 어떤 흔적도 남기지 않고, 그 어떤 인정도 없이 죽어서 지구를 떠나갈 수 있다는 느낌을 말한다. 그것은 우리 자신의 생명이 다른 이들에게 중요하지 않다는 확신, 혹은 오히려 세계가, 아니 경제가, 어떤 이들의 생명은 보호하고 다른 이들의 생명은 보호하지 않도록 조직되어 있다는 사실에 대한 확신이다. 팬데믹 급증 이후 어떤 이들은 분명 죽을 것이라는 사실을 매우 잘 알면서도 경제는 재개되고, 결국 폐기 가능한 이들의 계급이 식별되고 만들어진다. 이는 실로 시장의 계산 와중에 나타난 파시즘적 순간이 아닐 수 없다. 그리고 우리는 이런 형태의 계산이 결국 규범이 되는 위험이 있는 시대에 살고 있는 것이다. 이것은 사실 일상의 수준에서 그리고 전지구적인 차원에서 우리가 투쟁해야만 하는 합리성이자 권력이다.

따라서 누군가가 애도 불가능하다는 감각을 갖고 산다는 것은 그가 폐기 가능한 이들의 계급에 소속되어 있다는 것을 깨닫는 것, 그리고 기본적인 돌봄 관련 제도들이 그를 그저 지나쳐버리거나 그러한 제도들에 대한 접근을 또다시 빼앗기게 될 때, 자신은 버려졌다는 사실을 느끼게 되는 것과 다르지 않다. 즉, 그 사람 스스로가 애도할 수 없는 상실인 것이다. 이런 종류의 우울증은 사회 안전망에서 영원히 이탈되어 있고, 아마도 도저히 갚을 수 없는 빚에 허덕이며, 신기루에 불과한 의료 서

비스를 찾아 헤매고, 일시적인 주거지와 불확실한 수입에 시달리면서 결국 폐제된 미래성의 감각을 갖고 살아가는 것이다. 만일 이 삶이 보호받을 가치가 있는 것으로 여겨지지 않는다면, 이 삶은 가치가 없는 삶인 것일까? 아니, 우리가 급진적으로 의문시해야만 하는 어떤 척도에 의해 '가치' 자체가 탈취당한 것은 아닐까? 또한 가치에 대한 어떤 감각이 삶에 허용되고 허용되어야만 하는가? 그것은 어떤 척도에 속하는가?

나는 애도 가능성이 어떻게 불공평하게 할당되어 있는지를 이해하지 않고서는 사회적 불평등을 이해하는 것이 불가능하다고 주장해왔다. 불공평한 할당은 사회적 불평등의 주요 요소인데, 일반적으로 사회 이론가들은 이를 중요하게 고려해오지 않았다. 공공연하게든 아니면 암묵적으로든 어떤 집단이나 인구를 애도 불가능한 것으로서 지정하는 것은 그들이 폭력의 대상이 되거나 혹은 그 죽음에 따르는 대가도 없이 죽게 내버려둘 수 있다는 것을 의미한다. 특정 집단에 대한 이러한 겨냥은 일련의 정치와 이론들이 은연중에 함의할 수 있으며, 그것이 모든 사회적 행위자의 의도된 희망 사항으로서 여겨질 필요는 없다. 따라서 차별적인 애도 가능성에 의해 확립되는 사회적 불평등은 제도적 폭력의 한 형태로 드러날 수 있다. 내 생각에 비폭력 정치를 위한 투쟁이란 동시에 삶의 평등한 가치를 꾀하는 투쟁이자, 인구를 계속하여 폐기 가능한 것으로, 삶을 보호할 가치가 없는 것으로, 삶을 애도할 가치가 없는 것으로 구별해내는 (혹은 아예 아무런 특성이 없는 것으로 놔두는) 죽음의 정치의 척도들과 치명적인 논리들에 대항하는 것이다. 내 주장의 주요한 부분 두가지를 개괄하자면 다음과 같다. (1)사회적 불평등에 대한 투쟁은 차별적인 애도 가능성에 대한 투쟁이어야만 한다. 그리고 (2)이러한 투쟁은 또한 비폭력 정치의 일환이다. 비폭력이란 이런저런 폭력 행위에 저항하는 것뿐만 아니라, 특정 인구의 죽음을 겨냥하거나 인민을 강압의 상태 아래 죽도록 내버려두는 것을 정책으로 취하는 폭력적 제도들과 정치, 그리고 국가들에 저항하는 것을 말한다. 여기서 우리는 분명 유럽연합(EU)의 잔인한 이주자 정책과 각 민족국가들이 이주자들을 거부하는 와중에도 기어이 지중해를 건너가고자 하는 많은 이들의 삶을 보전하려 하는 인도주의적 행위자들을 범죄화하는 끔찍한 행위들을 떠올려볼 수 있을 것이다.

팬데믹 상황에서 우리는 모두 어느 정도 우울증을 겪고 있다. 어떻게 그 많은 사람들을 애도할 수 있을까? 우리가 대체 무엇을 상실했는지를 알려주는 방법을 아는 사람이 우리 중에 있을까? 대체 어떤 종류의 공적 표식 혹은 기념비가 이와 같은 애도의 요구를 표현해낼 수 있을까? 도처에서 우리는 그러한 표식의 부재를, 감각할 수 있는 세계 속 빈자리를 느낀다. 애도의 한 방식인 집회와 모임이 고도로 제한되고, 걱정거리가 되거나 중단될 때, 서로 연결될 수 있는 어떤 방식들이 남아 있을까?* 많은 이들이 이제 줌(Zoom) 추도회에 참석한 경험이 있고 이 관례의 어려움을 잘 알고 있다. 가까운 누군가가 죽기 전에 병원에서 그 사람을 볼 수 없다는 것, 그 사람을 알고 있던 이들과 모일 수 없다는 것, 이런 현실에서는 추도가 공개적으로, 공동체를 통해 쉬운 방식으로 열릴 수 없고 축소된 상실의 경험이 만들어진다. 누군가의 상실을 경험한 많은 이들은 상실을 기억하고 추도하는 기회인 공적인 추도 모임을 박탈당한 채 각자의 가정으로 되돌아갔다. 인터넷은 새로운 공적 공간으로서 그런 모임들을 전면적으로 대체했는데, 그렇지만 인터넷이 사적이기도 하고 공적이기도 한 그러한 모임들, 즉 상실의 아픔을 가늠하고 함께 버텨나갈 수 있도록 해주는 모임들을 결코 완전히 대체할 수는 없다. 그리고 만일 우리가 모인다 하더라도, 우리는 서로로부터 거리두기를 하고, 긴장한 상태로

---

* 본 문장 앞부분의 원문을 그대로 번역하면 "집회와 모임이 고도로 제한되고, 걱정거리가 되거나 중단되어 애도의 한 방식으로서 조직될 때"이다. 앞뒤 문맥상 비문이라고 판단되어 문맥에 맞게 수정하여 번역했다.

어색하게 포옹하며, 널리 퍼져 있는 불안함을 가진 채 키스한다. 2022년 봄, 추도 모임들이 사람들에게 바이러스를 퍼뜨리는 또다른 장소가 된 적이 있다. 온전히 사적인 형태의 애도는 물론 가능하지만, 그것이 상호 엮인 삶들로 이루어진 사회구조망 안에 놓인 이 단수적 존재의 상실에 대해서 증언하도록 청하는 목놓아 우는 울음, 망자와 관련된 이야기들, 노래들을 발산시키거나 혹은 위로하여 누그러뜨릴 수 있을까? 대규모의 공적 상실이 빠르게 잇따르는 경우가 언제나 그러하듯, 공적인 애도를 요구하는 정치적 질문들이 언제나 존재한다. 팬데믹 초기에 에콰도르에 높게 쌓인 시신들의 이미지들, 혹은 뉴저지주나 북이탈리아의 적재소 속에 보관된 시신들의 끔찍한 이미지는 병원의 인프라가 역경에 처한 이들을 돌보기 위한 역량을 빼앗긴 채 버티기 힘들 정도의 과도한 업무와 부족한 재정 지원으로 얼마나 분투하고 있었는지를 알게 했다. 죽은 이들과 죽어가는 이들의 이미지는 선정적인 동영상의 형태로 너무도 자주 유포되어버린다. 격리는 우리 주변에서 일어나는 죽음에 대한 감각을 유도함과 동시에 현실에 대한 굴절 행위를 강제하기도 한다. "부정적인 것들에 신경 쓰지 말자!" 그러나 우리의 책무는 주변에 팽배한 상실의 감각을 애도와 요구로 바꾸어내는 것이다. 엄청난 수준의 상실을 애도하는 법을 배우는 것은 우리의 방향 상실에 대한 전지구적 차원의 구조화의 필요성을 요구하면서 당신이 그 이름을 모르는 이의 상실을, 당신이 그의 언어를 모르는 이의 상실을, 당신이 살고 있는 곳으로부터 도저히 좁혀지지 않는 먼 거리에 살고 있는 이의 상실을 기념하는 것이다. **이것도 하나의 삶이었다**는 사실을 확증하기 위해 망자를 알 필요는 없다. 그 삶이 존재했다는 사실을 알기 위해 그 삶에 관한 모든 세부사항을 알 필요는 없다. 세계에 소속될 권리는 익명이지만 바로 그러한 이유로 덜 의무적이기도 하다. 대중 담론에서 우리의 관심을 사로잡는 것은 단명한 삶, 더 살 수 있었을 삶이다. 이와 반대로 노인들은 어차피 죽음으로 향해가고 있는 것으로 여겨진다(노인 외의 나머지는 그렇지 않은가?). 망자의 나이가 어떻든 그 사람의 가치는 이제 다른 이들의 삶 속으로 전이된다. 즉, 일종의 합체이자 살아 있는 메아리, 계속 살아가야 할 이들을 변화시키는 활성화된 상처 혹은 흔적이 되는 인정의 한 형태가 되는 것이다. 다른 누군가가 내가 고통받지 않았던 방식으로 고통받고 있다고 하여 그의 고통이 내가 생각할 수 없는 것이라는 것을 의미하지는 않는다. 우리의 유대는 공감, 번역, 반향, 리듬, 그리고 반복으로부터 만들어진다. 마치 애도의 음악성이 그 음향적 힘을 통해 경계를 넘어 나아가는 것처럼 말이다. 낯선 이가 감내하고 있는 상실은 똑같은 것은 아닐지라도 우리가 느끼는 개인적인 상실과 공명한다. 막간의 휴식은 연결의 순간이 된다. 비탄에 잠겨 애도하고 있는 낯선 이들은 우리와 서로 모르는 사람들임에도 불구하고 일종의 집합적 공동체를 창출해낸 것이다.

많은 이들의 죽음을 시장의 '건실함'을 지지하기 위해 치러야 할 대가라고 여기는 시장의 계산과 투기의 양태들은, 어떤 생명들의 희생을 합리적인 가격으로서, 합리적인 규범으로서 받아들이고 있다. 그렇다. 그러한 결과는 특정한 합리성 속에서 '합리적인' 것으로서 자격을 얻게 된다. 시장 합리성이 합리성 자체를 소진시키는 것은 아니기에, 그리고 합리성의 계산은 그 한계에 의해 실패하기 때문에, 우리는 삶에 대한 확고하거나 단일한 정의 없이도 삶의 계산할 수 없는 가치를 확증할 수 있다. 여기서 난제는 그와 같이 계산 불가능한 가치를 부인하는 것이 아니라 받아들이는 사회적 평등의 개념을 설명해내는 것이다.

그와 같은 설명은 사실 후설의 『유럽 학문의 위기』에 대한 자크 데리다(Jacques Derrida)의 독해에서 발견할 수 있다. 데리다는 칸트에 의거하여 계산 불가능한 삶의 가치를 이끌어내고 있다. "불합리한 것도 아니고 분명하지 않은 것도 아닌 것으로서의 계산 불가능한 것의 가능성"을 이해하고자 하면서 데

리다는 다음과 같이 쓴다.

합리적이고 엄밀한 계산 불가능성은 합리주의적 이상주의의 위대한 전통에 **그렇게** 제시되었다. 합리적인 것의 합리성은, 몇몇 이들이 우리에게 다음과 같이 믿도록 노력했듯이, 결코 계산 가능성으로, 계산으로서의 이성으로, 합리(ratio)로서, 타당한 설명(account)으로서, 즉 확정될 설명 혹은 주어질 설명으로서 제한된 적이 없었다. (…) 예를 들어, 『도덕 형이상학의 기초』에서 "품위"(Würde)가 하는 역할은 계산 불가능한 것의 질서에 속하는 것이다. 목적의 왕국에서 그것은 시장에서 가격이 있는 것(Marktpreis)에 따라서 계산 가능한 등가물을 만들어내는 것에 반대된다. 합리적인 존재(예를 들어 인간, 그리고 이는 칸트에게 합리적인 존재의 유일한 예일진대)의 품위는 그 자체의 목적으로서 계산 불가능한 것이다.[7]

나는 칸트가 사형제에 대한 그의 지지(그는 우리의 생명은 국가에 속해 있고 따라서 국가는 우리의 생명을 정당하게 빼앗을 수 있다고 주장했다[8])를 스스로 의문시하도록 이와 같은 주장을 끌어왔으면 좋지 않았을까 바라보지만, 우리는 그의 주장을 보다 아렌트적인 방향으로 틀어볼 수 있을 것이다. 한나 아렌트(Hannah Arendt)가 아돌프 아이히만(Adolf Eichmann)은 이 지상에서 누구와 공거하고 싶은지를 결정할 권리가 없다고 말했음을 기억하자.[9] 아이히만은 유대인 없는 세계, 혹은 그 어떤 다른 살아 있는 사람들의 집단이 없는 세계에서 살고 싶다고 말할 수 없는데, 왜냐하면 그런 선택은 인간에게 주어지는 것이 아니기 때문이다. 아렌트에 따르면 인간은 그러한 권리가 없으며, 어떤 집단을 지구에서 제거하고자 하는 이들은 어떤 정당화도 가능하지 않은 대량학살의 권능을 실행하는 것이다. 아렌트에게 있어서 인간은 공동의 공거라는 조건 속에 태어났으며 지속적인 이종성(異種性) 혹은 복수성(複數性)에 의해 특징지어진다. 그리고 우리에게 주어진 이러한 복수성은 우리가 선택하고 행동하는 지평인 것이다. 물론 우리가 태어나게 된 그 연결들을 사랑하지 않거나 즐기지 않을 수도 있다. 예를 들어 가족을 실제로 선택할 수 있는 이들은 매우 적다. 그러나 공거의 책무들이 항상 사랑 혹은 심지어 선택으로부터 나오는 것은 아니다. 우리 사이의 관계, 즉 이러한 사회성은 친족성, 공동체, 민족, 그리고 영토를 넘어서는 것이다. 그것은 오히려 우리를 세계의 방향으로 이끈다. 물론 아렌트의 세계에 대한 사랑은 공거의 조건들을 보장하고자 하는 성향을 부르는 또다른 이름일 수 있다. 하지만 그렇더라도, 우리의 삶을 의존하고 있는 것을 파괴할 수 있는, 우리가 가진 그 엄청난 잠재성으로 우리는 무엇을 꾀하는가? 그토록 쉽게 자신의 삶의 조건들을 파괴할 수 있는 우리는 대체 어떤 종류의 생명체인가? 아니, 우리는 대체 어떤 종류의 생명체가 되었는가?

나는 상호의존성이 불편하지만 필수적으로 공유할 수밖에 없는 삶의 조건을 의미한다고 주장했다. 여기서 그러한 삶의 조건은 신체가 노출되는 데 따르는 공포와 정념들, 그리고 우리 신체의 경계 위와 내외부 통로에 걸쳐 존재하는 무엇인가를 우리 내부로 받아들일 수 있는 신체의 침투성에 대한 공포와 정념들을 말한다. 사회적 불평등이 더 큰 사망 가능성을 의미할 때, 그렇다면 보다 급진적이고 보다 실질적인 사회적 평등, 보다 책임 있는 형태의 집단적 자유, 그리고 전면적이고 탈주적인 형태로 이루어지는 폭력에 저항하는 자발적인 집단 동원에 의해 미래로의 문이 열린다. 만일 우리가 세계를, 아니, 이 행성을 회복시키고자 한다면, 우리는 그 세계를 생과 사의 분배를 통해 거래하고 이윤을 얻는 시장경제의 마수로부터 해방시켜야만 할 것이다. 삶의 정치는 반동적인 정치가 아닐 것이고, 그렇다고 하여 단순한 생기론(生氣論)으로 환원되지도 않을 것이다. 삶의 정치는 오히려 보다 급진적인 평등을 실현하고 세계를 비폭력적인 곳으로 만들라는 요구를 지키기 위해 우리 모두가 공유하고 있는 삶의 조건들을 비판적으로 반성하는 일일 것이다. 이는 아마도 세계를 다시 시작할 수 있는 한 방법일 것이다. 말하자면 현재의 사로잡힘으로부터, 즉 이 세계의 한계 지평으로부터 새로운 상상력이 나타남에 따라 그와 같은 세계가 갱신해 나아가며 이미 진행 중에 있다 해도 말이다.

후기: 변혁

나는 우리가 오직 죽은 이들에게만 애도 가능성을 고려하는 것 같다고 지적했다. 그러나 애도 가능성은 이미 살아 있는 생명체에, 즉 현재는 걸어 다니고 있지만 어느 순간 자신의 삶이, 혹은 자신이 사랑하는 이들이 제대로 된 기념이나 항의도 할 수 없이 사라질 수 있다는 것을 잘 알고 있는 이들에게 이미 부착되어 있는 삶의 한 특성으로서 작동하고 있다. 어떤 이들은 이미 그들이 때 이른 폭력적인 죽음의 희생양이 될 것을, 혹은 될 수도 있음을 알고 있다. 탈주할 수밖에 없도록 만드는 갑작스럽고도 점진적인 세계의 붕괴를 한번 생각해보라. 가족이 지중해를 건너게 하기 위해 이윤이 목적인 끔찍한 타인과 대충 주조된 배를 믿어야만 하고, 결국 육지에 상륙도 못한 채 몰타 국경수비대원들에 의해 다시 바다로 되돌려지거나 혹은 구조될 희망도 없이 망망대해에서 좌초하게 되는 상황을. 혹은 이탈리아나 그리스 해안경비대에게 발견되어 난민수용소에서 무기한 감금 생활을 해야 하는 상황을. 혹은 통과할 수 없는 상황, 잔인하게 닫힌 국경들, 비위생적인 환경, 국내의 혹은 국제 법적 권리의 부정, 그리고 어떻게 생존하고 이동하고 도착할 것인지, 그리고 동일한 상황에 처한 이들과 이 모든 것들을 어떻게 헤쳐나갈 것인지에 대한 반복되는 질문들에 직면하는 상황을 말이다.

나는 애도 가능성이 평등을 위한 필수 조건이라고 주장해 왔다. 애도 가능성은 하나의 삶으로서 중요하게 여겨지는 것과 관련되어 있다. 아니, 우리는 그것이 문제시되는 물질로서의 신체(a body that matters)와 관련되어 있다고 말할 수 있다. 따라서 애도 가능성에 대한 주장은 우리 시대 가장 강력한 사회운동 중 하나이자 그 이름이 곧 구호인 '흑인의 생명도 소중하다' 운동의 주요 주장 중 하나인 것이다. 그 구호는 그저 하나의 정치적 도구로서 평가절하되어서는 안된다. 우리는 이것을 '단 한명도 잃을 수 없다!'(¡Ni Una Menos!) 운동, 즉 역시 운동의 이름이 된 구호에서도 찾아볼 수 있다. 감응의 기표 주위로 모인 집단을 칭하는 이름이 곧 운동이 된 사례 말이다. 이

두가지 운동 모두 그토록 많은 사람들이 넘을 수 없는 국경을 넘어서 세계 곳곳으로 영향을 미쳤다.

여기서 내 논점은 두가지이다. 첫째는 '흑인의 생명도 소중하다' 운동은 공적인 애도의 형식임과 동시에 집회이자 비집회의 한 형태, 즉 신체가 모인 집회이자 가상공간을 경유하는 집회 그리고 국경을 넘고 그 자체로서 어떤 봉쇄조치에도 영향받지 않는 운동이라는 것이다. 우리는 이 운동을 일종의 대항-감염이라 부를 수도 있을 것이다. 최근 몇달간 경찰이 비무장 흑인을, 자신의 집 침대에서 쉬고 있던 사람(브리오나 테일러Breonna Taylor)을, 혹은 반대쪽으로 도망가는 사람(월터 스콧Walter Scott)을 살해할 때마다, 혹은 백인들이 거리에서 조깅을 하고 있던 흑인(아마드 알버리Ahmaud Arbery)을 죽일 때, 이러한 살인에 반대하기 위해 수천 수만의 사람들이 거리로 나왔다. 이 집단의 이름, 즉 '흑인의 생명도 소중하다'는 흑인의 생명이 그렇게 쉽고도 허망하게 소멸될 수 없다는 사실을, 흑인의 생명에 대한 백인우월론자들의 평가절하는 저항에 직면할 것이라는 사실을, 우리가 그들을 모를지라도 그 삶들을 기념하고 애도하면서 그들이 더 오래 살았어야만 했다고 주장하고 있다는 사실을, 이러한 죽음들이 범죄 행위라는 사실을, 그리고 경찰이나 다른 가해자들은 이에 책임을 져야만 하고,

아니 경찰력 그 자체가 해체되어야만 한다는 사실을 우리에게 전달해주고 있다.

애도 가능성에 대한 주장으로부터 일련의 구체적인 정치적 제안들이 나온다. 애도 가능성의 정치는 그와 같은 주장으로 끝나지 않는다. 적절한 거처나 의료보험이 없이 바이러스에 내팽개쳐진, 즉 '죽게 내버려둬진' 그 모든 이들의 경우에 그것은 더욱 어려운 일이다. 죽게 놓아두는 행태는 또한 경제가 계속 굴러가게 하기 위해 일정수의 죽음은 불가피한 일로 받아들이는 시장 합리성의 암묵적 정책이다. 이제는 사라진 미국의 전 대통령*은 권력을 쥐고 있던 당시 집단면역을 기꺼이 받아들였고, 우생학의 정신을 되살려 강하고 부유한 이들은 생존하고, 가난하고 그가 보기에 '나약한' 이들은 죽게 될 것이라고 여긴 바 있다. "그냥 바이러스가 빨리 돌게 하라!"(Let [the virus] rip!)는 그의 구호 중 하나였는데, 이 말은 "가장 취약한 이들의 건강보다 경제의 건강이 더 중요하므로 이 병으로 죽게 될 모든 사람들은 죽게 놔둬라!"는 말로 번역될 수 있다. 이는 기만적인 형태의 맬서스주의**이자 그 자신의 생명도 빼앗

---

* 도널드 트럼프 전 미국 대통령을 의미한다.
** 맬서스주의는 인구가 기하급수적으로 증가하는 데 비해 식량은 그에 미치지 못하므로, 결국 인구 증가가 자원 고갈 및 사회 황폐화로 이어질 것이라는 믿음을 말한다.

을 수 있었던 그리고 실제로 거의 그럴 뻔했던 죽음욕동에 대한 흥분에 찬 표현법이다.

'흑인의 생명도 소중하다'처럼 '단 한명도 잃을 수 없다!' 운동은 가정 내 구타와 강간을 포함하는 여성에 대한 폭력에 저항하기 위해 거리로 나섰다. 그러나 그 의제는 더욱 복잡하며 정치적인 것에 대한 새로운 비전을 제시하고 있다. 그 운동은 독재, 오늘날의 수정주의, 여성에 대한 임금 불평등 문제, 자본주의의 착취, 그리고 채굴주의에 저항한다. 그 운동은 또한 아르헨티나의 전 독재자가 실각한 후 거리에서 등장했던 즉흥적 의회를 떠올리게 하면서 공동의 행동들을 결정하는 열린 의회와 집회라는 형태의 급진적 민주주의를 장려했다. 그 운동은 지역을 넘어서 온라인으로 그리고 새로운 출판 플랫폼과 온라인 집회라는 새로운 형태를 통해 연대성을 확장하면서 팬데믹 봉쇄를 이겨냈다. 물론, '단 한명도 잃을 수 없다!'는 거리로 나선 것만이 아니라 거리를 점령하여 아르헨티나의 거리에 경찰이 자리할 수 없도록 만들기도 했다. 이와 비슷한 집회들이 에콰도르, 칠레, 콜롬비아, 푸에르토리코, 멕시코 등지에서 넘쳐났고, 페미니스트 파업에 대한 제안을 포함하여 그 운동은 이탈리아와 터키로 이동했다. 그 같은 대규모의 (때로는 중남미의 거리에 3백만명이 운집한 적도 있다) 집회들은 지금과 같은 팬데믹 시기에는 일어날 수 없는바, 다수의 참가자들이 서로 근접하여 모이는 것을 요하는데, 그것이 불가능한 지금에도 계속 일어나고 있는 것은 (a) 운동에 대한, 그리고 그 과거와 그 미래에 대한 반성, (b) 페미니스트 파업의 규약들을 일종의 사건이자 계속되는 집단적 과정으로서 그려내고 있는 베로니카 가고(Verónica Gago)의 『페미니스트 인터내셔널』의 영어 번역을 포함한 관련 도서들의 출판이다.[1] 정치적 운동이 그 집회 자체인 것만은 결코 아니다. 우리는 네트워크가 형성되고, 읽기와 쓰기의 실천 자체가 페미니스트 변혁 프로젝트의 일환이 되는 데서 이를 잘 볼 수 있다. 팬데믹 시대에 가고의 시각을 떠올리는 것은 특히 중요한데, 가고는 그의 저작에서 파업이 새로운 시간적 지평이 나타나거나 혹은 나타날 수 있는 시간성의 벡터를 그려내며 언제나 행위 혹은 사건을 초과한다는 로자 룩셈부르크(Rosa Luxemburg)의 정치사상을 되살려내고 있다. 이처럼 구호와 집회는 새로운 사회성을 표현해내는 시발점이 되며, 아울러 가고에게는 "증오의 몸짓"이 반란과 파업에 핵심적인 것이 된다.[2] 여성들은 가정을 나와 거리로 나서고 있으며, 비록 많은 여성들이 다시 가정의 울타리로 돌아가도록 강제되었지만, 서로의 연결을 창출하고 아울러 집회의 미래의 형태를 예측하거나 예시할 수 있는 사회적 연결망을 계속하여 구축하는 방법들이 여전히 존재한다. 가고에게 페미니스트 파업은 일반적인 집회에, 아니 그 자신의 말을 빌리자면 "집단 지성의 상황적 기제"로서 이해되며 공동의 문제들에 대해서뿐만 아니라 건설할 공동의 세계에 대해 함께 사유하는 장소이자 실천을 의미하는 아셈블레아(assemblea)에 연결되어 있다.[3] 로자 룩셈부르크의 업적을 우리 시대에 맞게 수정하면서, 가고는 혁명의 실천을 신자유주의, 식민주의 수탈, 그리고 여성, 트랜스, 트라베스티, 불안정 노동자들, 그리고 원주민들을 겨냥한 가부장적 형태의 국가 테러리즘하에서의 금융자본에 대한 비판과 연결시키고 있다. 다양한 이론들과 실천들이 이러한 지적 작업에, 그리고 매 순간 회합이나 집회에 의존하지 않는 형태의 초지역적 협력에 영향을 미치고 있다. 실로, 어떤 분석이 초지역적이고 횡단적이기 위해서 원칙적으로 물리적인 집회가 필수적일 필요는 없다.

요즈음 가장 중요한 것은 감응과 행동 간의 관계를 활성화하는 행동들일 것이다. 즉, 증오와 분노를 공동체의 가능성과 혁명의 약속으로 바꾸어내는 것 말이다. 혁명의 가능성을 지속시키는 것은 오직 각자의 작은 노력의 행동들이 모여 누적된 힘이다. 이와 동등하게 중요한 것은 생명을 살아 있도록 하라는 요구이다. 즉, 여성에 대한, 흑인과 갈색 피부 인종에 대한,

트랜스와 퀴어 인민에 대한 살해를 끝내라는, 그리고 정치적 소속 관계 때문에 처벌되거나 실종된 모든 이들에 대한 살해를 중단하라는 요구이다. 따라서 성적 폭력에 대한 저항은 독재, 그리고 신자유주의 경제 정권하에 있는 국가에 의해 자행되는 폭력과 연결되어 있다.

그 어떤 거대한 시위도 보이지 않는 곳에서의 노력이 없이는 가능하지 않았다. (그는 실제로 이 용어를 고안해낸 장본인이기도 한데) 얼리샤 가자(Alicia Garza)가 '흑인의 생명도 소중하다'에 대해서 분명히 밝혔듯이, 정치의 작업은 연대를 이루어내기 위한 각고의 노력과 헌신으로 이루어져 있다. 그리하여 실제 집회가 열릴 때, 그 집회가 즉각적이고도 집중적일 수 있도록 말이다. 연대의 네트워크는 모든 집회를 조건지으며 언제나 그것을 넘어서 작동한다. 그리고 네트워크의 총체는 결코 한번에 나타나지 않는다.

우리는 2020년과 2021년에 상호 원조 협회, 팬데믹하의 가족을 넘어선 소규모 면역 공동체(nonnuclear pods)*, 그리고 확장하는 돌봄의 네트워크들 등의 경우에서 이미 부분적으로

---

* "Pods"란 팬데믹 시기 미국에서 새롭게 등장한 용어로서 백신을 맞았거나 면역체계를 갖춘 이들끼리 따로 소규모 모임이나 네트워크를 만들어 감염의 위험 없이 구성원들끼리 사회생활을 지속하는 것을 말한다. 따라서 "nonnuclear pods"란 면역 중심의 폐쇄적인 그룹이되 핵가족 중심 구성이 아닌 모임을 의미한다.

연대가 나타나고 있음을 확인한 바 있다.⁴ 런던의 페미니스트 활동가들과 다른 저자들이 함께 쓴 『돌봄 선언』은 돌봄을 사적이면서 고립된 활동이 아닌 전지구적 관행들과 제도들을 바꾸어내고 세계를 변혁하는 잠재력을 가진 일종의 힘으로서 여길 것을 우리에게 요청하고 있다. 종종 돌봄과 연관되곤 하는 본질적 여성다움에 대한 추측을 제쳐두고서, '돌봄'에 대한 요구는 신자유주의적 이윤 추구에 대한 비판을 북돋우면서 가고의 혁명적 페미니즘과 공명한다. 『돌봄 선언』은 나와 너의 이분법적 모델을 넘어 상호주관성을 가로지르는 상호의존성의 페미니즘 이상에 의거하면서 친족성의 변화를 노동의 성별 분화와 생태주의 운동에 연결하고 있다.⁵ 책의 저자들인 캐서린 로튼버그(Catherine Rottenberg)와 린 시걸(Lynne Segal)은 긴급한 시대에 반성을 포용하는 능력은 정치적으로 필수적인 것이라고 주장한다.⁶ 그들은 또한 돌봄(care)이 그 어원상 걱정, 불안, 슬픔, 비탄, 그리고 **문제**의 의미를 포함하는 단어 카루(caru)에서 왔음을 상기하며 돌봄과 돌봄 노동이 가진 정신분석학적 복합성에 대해서도 지적하고 있다.⁷ 비록 메를로퐁티가 분명하게 드러내고 있지는 않지만, 돌봄이 서로의 삶에 연루되게 하고 우리 시대에 희망의 정치를 찾아내고 활성화한다는 주장만큼은 명확한 것 같다. 이는 정부 바깥에서 작동하는 돌봄 네트워크와 어려움에 처한 이들에게 운송 수단, 음식 배달, 거주지를 제공하는 기구들에서, 그리고 물질적 지원으로 이어지는 온라인 네트워크를 통해 인프라가 실패하거나 부재한 상황에서 새로운 사회적 인프라를 구축하는 지원망을 확대시키는 노력에서 그 예를 찾아볼 수 있다. 내가 이미 말했듯이 이와 같은 운동의 규범적 원칙들에는 상호의존성, 사회적 연대, 그리고 변혁을 이끌어내는 비판 등이 포함된다. 이러한 원칙들은 삶의 조건들, 계속 살아가기 위한 조건들, 그리고 함께 살아가기 위한 조건들을 제공하고자 하는 목적을 갖고 있다. 돌봄의 연대들은 폭력적인 살인과 인민을 죽게 내버려두는 것에 반대한다. 그리고 '흑인의 생명도 소중하다'와 '단 한명도 잃을 수 없다!' 운동들의 경우에서처럼 도덕적 책무로서의 살인에 대한 저항은 그것이 제도적 불평등과 착취에 대한 보다 큰 차원의 비판 및 저항과 연결될 때에만 실질적인 것이 될 수 있다.[8]

간단히 덧붙이자면, 우리가 삶의 애도 가능성이 불평등하게 분배됨을 인식할 때 평등과 폭력에 대한 논의는 변화할 것이고, 평등과 폭력 사이의 연결을 보다 확실하게 이해하게 될 것이다. 평등과 살 만한 삶에 대한 가능성이 우리 세계 전반에 걸친 특성이 되기 위해서는 살고자 노력하며, 삶의 조건을 확보하고자 하는 신체들, 살고자 하는 노력이 사유의 토대이자 변혁 시위의 토대가 되는 바로 그 신체들이 요구하고 주장해야만 한다.

2022년 겨울 북미에서 델타 변이가 잦아들고 (델타크론이 나타나기 전) 오미크론 변이가 폭증했을 때, 팬데믹이 끝났다고 선언했던 경축의 움직임들은 현실적이기보다는 오히려 희망 사항에 가까웠다. 많은 국가와 지역에 여전히 백신이 부족하다는 사실을 감안할 때, 인종차별의 수렁에 빠진 전지구적 불평등이 어떻게 팬데믹의 역사가 서술되는 입장을 설정하는지를 이해하는 것은 더욱더 중요하다. 미국과 영국의 미디어는 팬데믹과 절연하고 자신들의 개인적 자유에 부합하는 생활로 돌아가는 것을 '권리'로 여기는 이들의 분노가 증가하고 있다고 보도하고 있다. 영국에서 모든 예방 수칙을 없앤 후에 따른 광적인 환희는 신종 코로나바이러스에 걸린 후 이어질 수 있는 장기적인 영향에 대한 걱정 없이, 여전히 보호받지 못하는 이들을 희생시키면서 군중 속에서 자유롭게 돌아다닐 개인적 자유를 찬양하는 것 같다. 이런 형태의 자유는 정당한 권리인 것처럼 표현된다. 즉, 국가와 국가의 보건 관련 의무조치를 내던져버릴 권리, 병 들고 다른 이들을 병들게 할 권리, 만일 그것이 희망하는 바이고, 죽음을 퍼뜨리는 것이 개인적 자유의 표현이라면, 죽음을 퍼뜨릴 권리 말이다.

블라디미르 푸틴(Vladimir Putin)은 분명 파괴가 자유까지
는 아니더라도 사적 권력의 궁극적 상징이라는 주장에 동의할
것이다. 그것이 공동의 혹은 공유의 삶을 내팽개치는 것이더
라도, 집단적 자유의 이상들을 내팽개치는 것이더라도, 그리고
지구에 대한 돌봄과 인간을 포함한 생명체들에 대한 돌봄을 내
팽개치는 것이더라도 그러한 열망은 그저 개인적 자유의 표명
이다. 그러한 열망은 개인성이 외부로부터 별개이자 독립적인
우리 신체의 표피에 얽매여 있는 것으로 이해하는 개인적 자
유의 마지막 한숨인 것만 같다. 즉, 개인을 위한 소비와 향락을
좇는 목적을 제외하고는 신체의 모든 열린 구멍들을 닫아버리
는 환상이자, 세계를 들어오게 하는 것은 자신의 선택이며 우
리가 세계 속에 집어넣는 것은 우리 자신만이 규제하고 결정할
수 있다는 환상인 것이다. 그러한 '개인들'은 자신들은 유독한
공기와 토양으로부터, 세균과 박테리아로부터 분리되어 있다
고 믿는다. 침투 가능한 존재로서 신체는 온전한 경계도 아니
거니와 완전히 열려 있는 것도 아니다. 그것은 이 두가지가 복
잡하게 얽혀 교섭하는 곳이자, 호흡, 음식, 소화 및 성과 친밀성
그리고 서로의 신체들을 받아들이는 행복이 모두 (자신을 위
한, 세계의, 세계에 의한) 필요조건이 되는 삶 속에 위치해 있
다. 우리는 서로 없이는, 다른 이의 열린 구멍들 속에 있는 우

리 자신들을 발견하지 않고서는, 혹은 다른 이를 우리 안으로 들여보내지 않고서는 진정 살아갈 수 없다. 그것이 바로 우리가 사는 곳이기 때문이다. 경계지어진 자아와 그 자만심의 외부이자 세계를 향해 열려 있는 곳 말이다. 우리는 말하자면 우리를 지탱해주는 세계와의 관계 안에서 살아간다. 지구와의 관계 안에서 우리 모두가 전염과 오염의 공포 없이, 혹은 경찰이 목을 조를지 모른다는 공포 없이 숨 쉴 수 있는 세계, 우리의 호흡이 세계의 호흡과 섞이며 그 호흡의 교환이 자유롭게 공유되는 세계, 우리는 그러한 세계를 위해 헌신하는 정치에 의존하며 우리 삶의 터전과의 관계 안에서 살아가는 것이다. 말하자면, 우리의 공동과의 관계 안에서 우리는 살아간다.

주

서문

1 Stefano Harney and Fred Moten, *The Undercommons: Fugitive Planning and Black Study* (New York: Minor Compositions 2013), https://www.minorcompositions.info/wp-content/uploads/2013/04/undercommons-web.pdf.

2 같은 책.

3 Jacques Rancière, *Dissensus: On Politics and Aesthetics*, trans. Steven Corcoran (London: Continuum 2010), 33면.

4 "Hospitalization and Death by Race/Ethnicity," COVID-19, Centers for Disease Control and Prevention, last modified June 17, 2021, https://www.cdc.gov/coronavirus/2019-ncov/covid-data/investigations-discovery/hospitalization-death-by-race-ethnicity.html.

5 "Vaccine Nationalism & The Political Economy of the COVID-19 Vaccines," The Moldova Foundation, published March 9, 2021, https:www.moldova.org/en/vaccine-nationalism-the-political-economy-of-covid-19/.

6 한스게오르크 가다머의 이해의 "지평들"에 대한 이론화는 다음의 그의 저서에서 찾아볼 수 있다. Hans-Georg Gadamer, *Truth and Method*, trans. Joel Weinsheimer and Donald G. Marshall (New York: Bloomsbury 2013).

7 Sindre Bangstad and Tobjørn Tumyr Nilsen, "Thoughts on the Planetary: An Interview with Achille Mbembe," *New Frame*, September 5, 2019, https://www.newframe.com/thoughts-on-the-planetary-an-interview-with-achille-mbembe/.

8 같은 인터뷰(강조는 필자).

9 Christopher Prendergast, ed., *Debating World Literature* (London: Verso 2004); 그리고 Emily Apter, *Against World Literature: On the Politics of Untranslatability* (London: Verso 2013). 또한 다음을 보라. Deborah Dankowski and Eduardo Viveiros de Castro, *The Ends of the World*, trans. Rodrigo Nunes (Cambridge, Mass.: Polity Press 2017).

10 María Lugones, "Playfulness, 'World'-Travelling, and Loving Perception," *Hypatia* 2, no. 2 (1987), 3~19면.

11 '국경 없는 기생충' 사이트를 참조하라. 장소에 상관없이 고통받는 이들이 생길 때 도울 힘을 가진 이들에게 과학 교육을 제공하기 위해 만들어진 사이트로, 간단하지만 중요한 노력이다. https://parasiteswithoutborders.com/daily-covid-19-updates/.

12 다음을 보라. Thomas Pradeu, *The Limits of the Self: Immunology and Biological Identity*, trans. Elizabeth Vitanza (Oxford: Oxford University Press 2012). 프라되는 이 책에서 유기체의 면역체계 속 반작용 패턴 및 기억들을 강조하는 연속성 이론과, 이를 지지하는 자기/비자기 이분법을 받아들이는 면역학적 틀에 반대한다. 외부 세계의 영향과 침입은 유기체와 그 반응성을 구성하는 데 도움을 준다는 것이다. 프라되는 그러한 체계에 대한 면역학적 문제들은 내인성일 수도, 외인성일 수도 있음을 강조하고 있으며, 아울러 면역학적 문제들을 구성하는 것은 확립

된 상호작용 패턴들 안의 파열이라고 강조한다. 따라서 문제는 외래의 것을 받아들이거나 거부하는 것이 아니라, 면역체계에 전례 없는 문제가 발생할 때 새로운 상호작용의 패턴을 창출해내는 것이다. 그러므로 신종 코로나바이러스는 그것을 "중국 바이러스"(the China virus)라고 부르는 이들이 함의하듯이 외래의 문제가 아니라 전례가 없다는 것이 문제다. 신종 코로나바이러스는 그 자체가 새로운 것으로, 우리의 체계도 새로워지길 요구하는 것이다. 또한 다음을 보라. Thomas Pradeu, *The Philosophy of Immunology* (Cambridge: Cambridge University Press 2020), https://www.cambridge.org/core/elements/philosophy-of-immunology/06F0C341035299674EECF0406E5D8E31. 이 책에서 그는 외부 세계의 박테리아가 소화, 기능, 그리고 세포 재생의 한 부분을 담당함을 일러준다. 그는 나아가 "방어"가 면역체계의 결정적 혹은 유일한 속성일 수 없다고 하는데, 이는 면역체계의 기능은 "이질적인 요소들"에 의존하고 있을 뿐만 아니라 자기 융합을 위해서 그러한 요소들을 필요로 하기 때문이다. 따라서 "융합"은 이질성이 그 정의의 일부일 때에만 개념으로서 말이 되는 것이다.

13 예를 들어 다음을 보라. Anne Fausto-Sterling, *Sex/Gender: Biology in a Social World* (New York: Routledge 2012).

14 프라되에 따르면, "역사적으로 면역은 유기체가 병원체에 대항해 스스로를 방어하는 능력이고, 방어적 면역 메커니즘이 모든 종에서 발견된다고 이해되었다. (…) 면역체계는 방어 활동으로만 환원될 수 없으며, 이와 같은 논리에 입각해서는 면역성에 대한 시각을 확장할 수 없다". 그는 나아가 "면역학적 과정들의 진화를 설명하고 면역체계의 기능을 단일한 것으로 볼 때 생겨나는 복잡함"은 방어가 다양한 기능 중에서 불연속성으로 특징지어지며, 면역체계의 복합적인 과정 중의 한 요소일 뿐임을 보여준다고 주장한다(Pradeu, *The Philosophy of Immunology*).

15 Ludwig Wittgenstein, *Tractatus Logico-Philosophicus*, trans. C. K. Ogden (Mineola, N.Y.: Dover 1999), [6.43].

16 같은 책.

17 같은 책.

18 Martin Heidegger, "The Age of the World-Picture," *The Question Concerning Technology and Other Essays*, trans. William Lovitt (New York: Harper & Row 1977), 129면.

19 같은 책 132~34면.

1장

1 Sigmund Freud, *Reflections on War and Death*, trans. A. A. Brill and Alfred B. Kuttner (New York: Moffat Yard 1918). 이 에세이(막스 셸러의 글을 지칭함 — 옮긴이)의 영역본 중 가장 읽기 용이한 버전은 다음과 같다. "On the Tragic," *The Questions of Tragedy*, ed. Arthur B. Coffin (San Francisco: Edwin Mellen Press 1991), 105~26면. 그러나 본 챕터의 인용문은 동일한 글의 다른 번역본인 다음 글에서 인용하였다. Max Scheler, "On the Tragic," trans. Bernard Stambler, *Cross Currents* 4, no. 2 (Winter 1954), 178~91면. 독일어 원전으로부터 내가 직접 번역한 부분은 표시하였으며 참고한 원전은 다음과 같다. Max Scheler, "Bemerkungen zum Phänomen des Tragischen," *Gesammelte Werke*, Band 3 (Franke Verlag 2007), 277~302면.

2 Ludwig Landgrebe, "The World as a Phenomenological Problem," *Philosophy and Phenomenological Research* 1, no. 1 (September 1940), 38~58면.

3 Jean-Paul Sartre, *The Transcendence of the Ego: A Sketch for a Phenomenological Description*, trans. Andrew Brown (Milton Park, Abingdon, Oxon: Routledge 2004); Aron Gurwitsch, *Studies in Phenomenology and Psychology* (Evanston, Ill.: Northwestern University Press 1966).

4 Edmund Husserl, *The Phenomenology of Internal Time Consciousness*

(Bloomington: Indiana University Press 1964), 98~128면.

5 Scheler, "On the Tragic," 178면(강조는 필자).

6 같은 글 180면.

7 같은 글 182면.

8 같은 글 182면.

9 같은 글 182면.

10 같은 글 182면; 독일어본 278면.

11 같은 글 182면.

12 같은 글 182면.

13 같은 글 187면.

14 다음을 보라. https://blacklivesmatter.com/; 그리고 Barbara Ransby, *Making All Black Lives Matter: Reimagining Freedom in the Twenty-First Century* (Oakland: University of California Press 2018); 그리고 Alicia Garza, *The Purpose of Power: How We Come Together When We Fall Apart* (New York: Penguin Random House 2021).

15 Maurice Merleau-Ponty, "Eye and Mind," *The Primacy of Perception and Other Essays on Phenomenological Psychology, the Philosophy of Art, History and Politics*, ed. James M. Edie, trans. Carleton Dallery (Evanston, Ill.: Northwestern University Press 1964), 162~63면.

16 Maurice Merleau-Ponty, "The Intertwining —The Chiasm," *The Visible and the Invisible*, ed. Claude Lefort, trans. Alphonso Lingis (Evanston, Ill.: Northwestern University Press 1968), 147~48면.

2장

1 기후변화가 팬데믹을 가능하게 한 요인이라는 논의는 다음을 보라. Damian Carrington, "World Leaders 'Ignoring' Role of Destruction of Nature in Causing Pandemics," *Guardian*, June 4, 2021, https://www.theguardian.com/world/2021/jun/04/end-destruction-of-nature-to-

stop-future-pandemics-say-scientists; 그리고 Rasha Aridi, "To Prevent Future Pandemics, Protect Nature," *Smithsonian Magazine*, October 30, 2020, https://www.smithsonianmag.com/smart-news/protecting-nature-will-protect-us-how-prevent-next-pandemic-180976177/. 기후 파괴에 대한 저항에 있어서 팬데믹으로부터 얻는 교훈에 관해서는 다음을 보라. David Klenert, Franziska Funke, Linus Mattauch, and Brian O'Callaghan, "Five Lessons from COVID-19 for Advancing Climate Change Mitigation," *Environmental and Resource Economics* 76 (2020): 751~778, https://doi.org/10.1007/s10640-020-00453-w; 그리고 Krystal M. Perkins, Nora Munguia, Michael Ellenbecker, Rafael Moure-Eraso, and Luis Velasquez, "COVID-19 Pandemic Lessons to Facilitate Future Engagement in the Global Climate Crisis," *Journal of Cleaner Production* 290 (2021): 125178, https://doi.org/10.1016/j.jclepro.2020.125178.

2 ~~자본주의하~~ 급여 노동과 노동자의 궁핍화 사이의 관계를 강조하고 있는 초기 저작은 맑스의 『1844년의 경제학 철학 초고』에서 찾아볼 수 있다. Karl Marx, "Economic and Philosophic Manuscripts of 1844," *Karl Marx/Frederick Engels Collected Works*, vol. 3, trans. Martin Milligan and Dirk Struik (New York: International Publishers 1975), 229~376면.

3 Merleau-Ponty, "The Intertwining — The Chiasm," 130~55면.

4 메를로퐁티의 탐구와도 공명하는 이 논점은 질 들뢰즈(Gilles Deleuze)의 「신체는 무엇을 할 수 있는가?」에 설득력 있게 피력된다. Gilles Deleuze, "What Can a Body Do?" *Expressionism in Philosophy: Spinoza*, trans. Martin Joughin (New York: Zone 1992), 217~34면.

5 다음을 보라. Lugones, "Playfulness, 'World'-Travelling, and Loving Perception," 3~19면.

6 아도르노의 저작 전반에 걸쳐 지속하여 등장하는 개념인 자연사에 대한 최초 설명은 다음을 보라. Theodor W. Adorno, "The Idea of

Natural-History," in *Things Beyond Resemblance: Collected Essays on Theodor W. Adorno*, ed. and trans. Robert Hullot-Kentor (New York: Columbia University Press 2006), 251~70면.

7 Tina Chen, *Fomites and the COVID-19 Pandemic: An Evidence Review on Its Role in Viral Transmission* (Vancouver, B.C.: National Collaborating Centre for Environmental Health, February 2021), https://ncceh. ca/documents/evidence-review/fomites-and-covid-19-pandemic-evidence-review-its-role-viral-transmission.

8 Tedros Adhanom Ghebreyesus and Ursula von der Leyen, "A Global Pandemic Requires a World Effort to End It — None of Us Will be Safe Until Everyone Is Safe," *World Health Organization*, September 30, 2020, https://www.who.int/newsroom/commentaries/detail/a-global-pandemic-requires-a-world-effort-to-end-it-none-of-us-will-be-safe-until-everyone-is-safe.

9 마지막 네 문단은 필자가 쓴 다음의 글에서 따왔다. Judith Butler, "Creating an Inhabitable World for Humans Means Dismantling Rigid Forms of Individuality," *Time*, April 21, 2021, https://time. com/5953396/judith-butler-safe-world-individuality/.

3장

1 후설 현상학에서 "괄호 치기"는 주제로서의 세계를 잃어버리지 않고서 세계에 관해 당연하게 여기는 가정들을 문제시하는 것을 포함한다. 어떤 이들은 현상학적 "환원"의 일부로 볼 수 있는 이러한 "괄호 치기"를 세계로부터의 철수 혹은 믿음의 부정으로 해석했지만, 사실 "괄호 치기"는 세계에 대해 본질적인 것과 우리가 세계에 대해 나중에 만들어내고 당연시하는 가정들에 대해 파악할 수 있도록 하는 관점에서 세계와 세계에 대한 가정들에 접근한다. 다음을 보라. Maurice Natanson, *Edmund Husserl: Philosopher of Infinite Tasks* (Evanston, Ill.:

Northwestern University Press 1973), 56~62면.

2 Scheler, "On the Tragic," 178~91면.

3 Landgrebe, "The World as a Phenomenological Problem," 51면.

4 보부아르는 메를로퐁티의『지각의 현상학』의 관련된 구절인 "그러나 그녀의 신체는 그녀 자신이 아닌 다른 것이다"에 주석을 달며 "여성은 남성과 마찬가지로 그녀의 신체이다"라고 쓰고 있다. 그리고 나중에는 이렇게 쓰고 있다. "메를로퐁티가 매우 올바르게 쓰고 있듯이, 남성은 자연적 종이 아니라 역사적 개념이다. 여성은 완성된 현실이 아니라 오히려 구성 중에 있는 것이다. 여성이 남성과 비교되는 것은 그녀의 구성 중에 일어나는 일이다. 이 말은, 그녀의 가능성들은 정의되어야만 한다는 것이다." Simone de Beauvoir, *The Second Sex*, ed. and trans. H. M. Parshley (New York: Vintage 1989), 19면, 34면.

5 Iris Marion Young, "Throwing Like a Girl: A Phenomenology of Feminine Body Comportment Motility and Spatiality," *Human Studies* 3, no. 2 (April 1980), 137~56면.

6 다음을 보라. Lisa Guenther, *Solitary Confinement: Social Death and Its Afterlives* (Minneapolis: University of Minnesota Press 2012).

7 같은 책 xiii면.

8 Lisa Guenther, "The Biopolitics of Starvation in California Prisons," *Society + Space*, August 2, 2013, https://www.societyandspace.org/articles/the-biopolitics-of-starvation-in-california-prisons.

9 다음을 보라. Angela Y. Davis, Gina Dent, Erica R. Meiners, and Beth E. Richie, *Abolition. Feminism. Now.* (Chicago: Haymarket 2021); 아울러 1979년 이래 교도소 폐지 페미니즘을 기록하고 옹호해온 사회운동이자 학술 저널인 *Critical Resistance*를 참고하라.

10 Lisa Guenther, "Six Senses of Critique for Critical Phenomenology," *Puncta* 4, no. 2 (2021), 16면.

11 Gayle Salamon, "What's Critical About Critical Phenomenology?" *Puncta*,

A Journal of Critical Phenomenology 1, no. 1 (2018).

12 Foucault, 같은 글에서 인용됨. 또한 다음의 글에서도 인용됨. Arnold I. Davidson, "Structures and Strategies of Discourse: Remarks Toward a History of Foucault's Philosophy of Language," *Foucault and His Interlocutors*, ed. Arnold I. Davidson, 1~20면 (Chicago: University of Chicago Press 1997), 2면.

13 Gail Weiss, Ann V. Murphy, and Gayle Salamon, eds., *50 Concepts for a Critical Phenomenology* (Evanston, Ill: Northwestern University Press 2019).

14 Frode Kjosavik, Christian Beyer, and Christel Fricke, eds., *Husserl's Phenomenology of Intersubjectivity: Historical Interpretations and Contemporary Applications* (New York: Routledge 2019).

15 Denise Ferreira da Silva, "On Difference Without Separability," *Issuu*, November 17, 2016, https://issuu.com/amilcarpacker/docs/denise_ferreira_da_silva.

16 Stephen J. Smith, "Gesture, Landscape and Embrace: A Phenomenological Analysis of Elemental Motions," *Indo-Pacific Journal of Phenomenology* 6, no. 1 (2006), 1~10면, http://dx.doi.org/10.1080/20797222.2006.114339 14.

17 「지향성 개념의 역사」에서 팀 크레인은 다음과 같이 설명한다. "지향성의 뿌리인 "intentio"는 13세기, 14세기 스콜라 철학자들에 의해 개념을 위한 기술 용어로서 사용되었다. 이러한 기술적 용어는 두가지 아랍어 용어의 번역어인데, 첫번째 용어는 "ma' qul"로 그리스어 노에마(noema)를 알파라비(Al-Farabi)가 번역한 것이고, 두번째 용어는 "ma' na"로 사고 안에서 정신 이전에 존재하는 것을 칭하는 아비첸나(Avicenna)의 용어이다(다음을 보라. al-Farabi §3; Ibn Sina §3). 이러한 맥락에서 "noema" "ma' qul" "ma' na" 그리고 "intentio"는 대략 동의어로 여겨질 수 있다. 그것들은 모두 개념, 관념, 혹은 무엇이건 사고 안에

서 정신 이전에 존재하는 것에 대한 용어들로서 의도되었다(Knudsen 1982를 보라). 학자들은 "intentio"를 영어로 '지향'(intention)으로 번역하고 있으나, 이것이 일상적 의미에서의 의도(intention)를 의미하지 않는다는 사실을 기억해야 한다." Tim Crane, "The History of the Concept of Intentionality," *The Routledge Encyclopedia of Philosophy* (London: Taylor and Francis 1998), https://www.rep.routledge.com/articles/thematic/intentionality/v-1/sections/the-history-of-the-concept-of-intentionality.

18 Maurice Merleau-Ponty, *Humanism and Terror: The Communist Problem*, trans. John O'Neill (New Brunswick, N.J.: Transaction 2000); 또한 다음을 보라. Gail Weiss, "Phenomenology and Race (or Racializing Phenomenology)," *The Routledge Companion to Philosophy of Race*, eds. Paul C. Taylor, Linda Martín Alcoff, and Luvell Abderson (Abingdon, U.K.: Routledge 2017).

19 Franz Fanon, "The Fact of Blackness" *Black Skin, White Masks*, trans. Richard Philcox (New York: Grove 2008); *Peau noir, masques blancs* (Paris: Editions du Seuil 1952). 또한 다음을 보라. Alia Al-Saji, "Too Late: Fanon, the Dismembered Past, and a Phenomenology of Racialized Time," *Fanon, Phenomenology and Psychology*, eds. Leswin Laubscher, Derek Hook, and Miraj Desai (London: Routledge 2021), 177~93면.

20 다음을 보라. Fred Moten, "The Blur and Breathe Books," *Consent Not to Be a Single Being* (Durham, N.C.: Duke University Press 2017).

21 다음을 보라. Catherine Clune-Taylor, "Is Sex Socially Constructed?" *The Routledge Handbook of Feminist Philosophy of Science*, eds. Sharon L. Crasnow and Kristen Intemann (London: Routledge 2021). 또한 다음의 책에서 루스 길모어의 논의를 보라. Ruth Gilmore, *Golden Gulag: Prisons, Surplus, Crisis, and Opposition in Globalizing California* (Berkeley: University of California Press 2007). 이 책에서 길모어는 인

종차별을 "집단별로 차등화된 때 이른 죽음에 대한 취약성을 국가가 용인하거나 초법적으로 생산하고 착취하는 것"(28면)이라고 정의하고 있다. 이와 같은 통찰은 사회 전염병학 연구 분야에 매우 중요하다.

22 Marx, "Economic and Philosophic Manuscripts of 1844," 229~376면.

23 Bruno Latour, *Facing Gaia: Eight Lectures on the New Climatic Regime*, trans. Catherine Porter (Malden, Mass.: Polity 2017); Isabelle Stengers, *In Catastrophic Times: Resisting the Coming Barbarism*, trans. Andrew Goffey (London: Open Humanities Press, with Meson Press 2015); and Donna J. Haraway, "Tentacular Thinking," *Staying with the Trouble: Making Kin in the Chthulucene* (Durham, N.C.: Duke University Press 2016), 30~57면.

24 인간 자본에 관련하여 다음을 보라. Michel Feher, "Self-Appreciation; or, The Aspirations of Human Capital," trans. Ivan Ascher, *Public Culture* 21, no. 1 (Winter 2009), 21~41면.

25 인종과 기후에 대한 서지 목록은 다음을 참고하라. https://takeclimateaction.uk/resources/race-and-climate-reading-list.

4장

1 Judith Butler, *The Force of Nonviolence: An Ethico-Political Bind* (London: Verso 2020).

2 Sigmund Freud, "Mourning and Melancholia," *The Standard Edition of the Complete Psychological Works of Sigmund Freud*, vol. 14, trans. James Strachey (London: Hogarth 1957), 255면.

3 Judith Butler, *Gender Trouble: Feminism and the Subversion on Identity* (New York: Routledge 1990) 73~84면.

4 같은 책 88면.

5 Alexander Mitscherlich and Margarete Mitscherlich, *The Inability to Mourn: Principles of Collective Behavior*, trans. Beverley R. Placzek (New

York: Grove 1975).

6 Judith Butler, *Precarious Life: The Powers of Mourning and Violence* (London: Verso 2004); and Judith Butler, *Frames of War: When Is Life Grievable?* (London: Verso 2009).

7 Jacques Derrida, "The 'World' of the Enlightenment to Come (Exception, Calculation, Sovereignty)," trans. Pascale-Anne Brault and Michael Naas, *Research in Phenomenology* 33 (2003), 25면.

8 다음을 보라. Immanuel Kant, *The Metaphysics of Morals*, ed. and trans. Mary Gregor (Cambridge: Cambridge University Press 1996), [6:318]~[6:320], [6:311]~[6:335].

9 다음을 참조하라. Judith Butler, "Hannah Arendt's Death Sentences," *Comparative Literature Studies* 48, no. 3 (2011), 280~95면.

후기

1 Verónica Gago, *Feminist International: How to Change Everything*, trans. Liz Mason-Deese (London: Verso 2020).

2 같은 책 44면.

3 같은 책 155면.

4 Dean Spade, *Mutual Aid: Building Solidarity During This Crisis (and the Next)* (London: Verso 2020).

5 The Care Collective, Andreas Chatzidakis, Jamie Hakim, Jo Littler, Catherine Rottenberg, and Lynne Segal, *The Care Manifesto: The Politics of Interdependence* (London: Verso 2020).

6 다음을 보라. Catherine Rottenberg and Lynne Segal, "What Is Care?" Goldsmiths Press, accessed July 10, 2021, https://www.gold.ac.uk/goldsmiths-press/features/what is-care/.

7 The Care Collective et al., *The Care Manifesto: The Politics of Interdependence*, 27면.

8   Natalie Alcoba and Charis McGowan, "#NiUnaMenos Five Years On:
    Latin America as Deadly as Ever for Women, Say Activists," *Guardian*,
    June 4, 2020, https://www.theguardian.com/global-development/2020/
    jun/04/niunamenos-five-years-on-latin-america-as-deadly-as-ever-
    for-women-say-activists.

옮긴이 해제

 2023년 5월 세계보건기구(WHO)는 공중보건위기상황을 공식적으로 해제했고, 이에 따라 한국에서도 신종 코로나바이러스 관련 방역조치 대부분을 해제했다. 2019년 처음 보고된 신종 코로나바이러스를 이제는 일종의 '풍토병'(endemic)으로 간주하겠다는 움직임들이다. 2023년 5월 현재 신종 코로나바이러스가 과연 충분히 관리 가능한 풍토병으로 정착했는지, 혹은 더 새롭고 더 강력한 변이가 계속 발생할 가능성이 있는지는 여전히 논쟁적인 문제이지만, 적어도 팬데믹 초기에 우리가 목도했던 엄청난 혼란과 공중보건 위기, 그리고 끊임없는 감염과 대량 사망의 비극만큼은 과거의 일이 되었다. 이 책의 원서 *WHAT WORLD IS THIS? A Pandemic Phenomenology*는 신종 코로나바이러스가 '풍토병화'되기 이전, 변이 바이러스들이 위력을 떨치던 2022년 10월 출간되었다. 당시 새로운 변이들이 보고되고 경고가 잇따르고 있었음에도 세계 여러 나라들, 특히 소위 선진국이라는 북미와 유럽의 국가들은 경제 활성화를 이유로 앞다투어 방역조치의 완화나 해제를 선언했다. 주디스 버틀러(Judith Butler)는 이런 상황에서 경제우선주의와 신자유주의적 "죽음의 정치"가 어떻게 특정 인구를, 즉 의료보험의 혜택을 받지 못하고, 감염의 위험에도 노동을 해야 하거나, 면역이나 장애, 노령으로 인해 감염될 경우 치명적일 수 있는 이들을 폐기 가능하고 애도 불가능한 이들로 만드는지에 대해 정치하게 분석한다. 더불어 버틀러는 팬데믹이 우리에게 어떤 윤리적, 정치적 계기가 되었음을 증명한다. 팬데믹과 그에 따른 비극들, 그리고 그 비극을 다루고 이해하는 세계로 미루어볼 때, 팬데믹이 과연 우리에게 어떤 교훈을 주었는지, 우리와 우리가 사는 세계를 어떻게 변화시켰는지를 사유하고 있는 것이다.

팬데믹에 의해 변화한 세계와 세계에 대한 우리의 감각, 그리고 사회 및 정치에 대한 철학적 사유는 이 책의 중요성을 예증한다. 팬데믹 발생 이후 최근까지 미국은 물론이고 한국에서 출간된 팬데믹 관련 책들이 보건·경제·인문지리·역사·거버넌스·실용 분야에 집중되었기 때문이다. 아울러 이제는 한풀 꺾인 팬데믹 관련 도서들의 범람 속에서 이 책이 보여주는 새로운 점은 바로 이 책이 목표로 하는 것이 팬데믹이 초래한 변화들에 대한 단순한 현상 진단이나 섣부른 대응 방안의 제시가 아니라는 점이다. 이 책은 오히려 희망과 절망 모두를 가져온 팬데믹의 양가성을 비롯해 팬데믹이 우리에게 무엇을 드러냈는지를, 그리고 팬데믹과 팬데믹이 가져온 변화들이 우리에게 어떤 윤리적인 성찰을 도모하게 하는지를 일러주고 있다. 이처럼 철학, 특히 현상학과 최근 비판현상학에서의 성과들 및 버틀러 자신의 이전 저작을 비롯한 퀴어 연구의 성과들을 통해 버틀러는 팬데믹하의 세계, 그리고 그 이후의 세계가 어떻게 새롭게 구성되었는지, 어떤 권력 역학이 '당연한 것'이 되었는지 밝혀내고 어떻게 그것에 대항할 수 있는지를 고민하고 있다. 버틀러는 게일 샐러먼의 주장을 인용하며 철학의 역할이 결국 "우리가 보는 것을 보도록 하는 것"(125~26면)이라고 한다. 이 책에서 그는 철학을 활용한 정밀하고 비판적인 세계 분석을 통해 윤리적, 정치적 전망을 제공하고 있는 것이다.

버틀러는 우선 팬데믹을 야기한 신종 코로나바이러스가 어떤 외부에서 온 것으로 이해되거나 특정한 국가를 비롯한 외국과 결부되는 것에 의문을 제기하며 문제는 바이러스가 "**외**

래의 것이라는 점이 아니라 **새로운** 것이라는 점"(22면)을 강조한다. 그는 '외국으로부터 침투해 오는 바이러스'라는 생각이 "민족주의 상상계"(24면)에서 작동하는 이주자 혹은 이주노동자들의 형상과 다를 바 없으며, 팬데믹은 "면역학적인 측면에서 인간이 세계와 맺는 과정에서 일어나는 인간의 삶의 일부"(21면)라고 주장한다. 버틀러는 외부 공기를 들이쉬고 외부의 자양분을 섭취하며 살아갈 수밖에 없는, 따라서 외부와 단절하여 결코 살 수 없는 인간의 속성을 통해 "매일매일 세계의 조각조각들이 신체 안으로 융합"(24~5면)되고 있음을 발견한다. 여기서 우리는 버틀러가 신종 코로나바이러스 팬데믹이 외부 혹은 외래의 것이 그 원인인 재난이 아니라 외부와 우리, 더나아가 환경과 인간 사이의 관계 맺음의 역학에서 발생한 위기상황임을 분명히 한다. 때문에 팬데믹은 단순히 감염병의 전지구적인 전파에 따른 재난의 문제에 그치는 것이 아니라 인간과 환경과의 관계를 반추할 기회이기도 한 것이다. 그러므로 버틀러는 팬데믹으로 인한 비극을 특정 국가, 특정 집단, 혹은 여러 소수자들을 비롯한 취약 집단의 잘못으로 돌리는 직간접적인 행태들에 단호히 반대하며, 상호구성주의자들의 주장을 빌어 "신체가 쇠약과 죽음의 위험 없이 새로운 것과 함께 살아가고 그것을 수용할 수 있도록"(24면) 해야 한다고 제안한다. 물론 이는 백신 등의 도움으로 어느 정도는 해결 가능한 문제이다(백신 부작용 문제가 여전히 현재 진행형으로 남아 있기는 하지만). 신종 코로나바이러스 백신 관련 논쟁에 대해 백신반대론자들의 주장을 다소 조심스러운 어조로, 그러나 강력하게 비판하고 있는 버틀러의 시각은 바이러스와 팬데믹, 그리고 우리 주변 환경과 지구 전체에 대한 통찰에서 비롯된다. 그렇다고 버틀러가 백신을 맞을 수 없는 이들이나 부작용 등 백신이 초래할 수도 있는 문제점에 눈을 감는 것은 아니며, 신종 코로나바이러스의 위험성을 평가절하하는 것도 아니다. 그는 오히려 신종 코로나바이러스의 치명성과 취약한 이들의 감염 위험성을 무시하고 섣불리 경제를 재개해야 한다는 경제우선주의를 신랄하게 비판한다. 나아가 팬데믹으로 인해 인종차별과 불평등이 보다 전면화되었으며, 소위 제1세계의 백신 독점으로 인해 가난한 나라들의 감염률 및 사망률이 크게 증가하는 등 팬데믹을 계기로 드러난 다양한 차원의 전지구적 불의와 불공정이 더욱 심화되었음을 여러 사례를 통해 분석한다.

전지구적 비극이 일상화된 순간에서 버틀러는 세계에 대한 우리의 감각에 주목한다. 그는 셸러의 에세이를 꼼꼼하게 읽으면서 "비극적인 것"이 세계가 우리에게 드러나는 하나의 방식, 즉, 우리가 몰랐던 새로운 세계가 펼쳐지는 한 방식임을 간

파해낸다. 예를 들어 버틀러는 비극적인 것이 가치가 상실되거나 철저하게 파괴되는 것을 경험한 후 나오는 비탄 속에만 존재하는 것이 아니라 이 세계가 그러한 가치의 파괴가 가능한 곳이라는 충격 혹은 깨달음 속에도 존재한다고 말한다. 따라서 버틀러가 인용하고 있는 셸러의 질문, 즉 세계가 갑자기 비탄에 젖어 드러나는 그 순간을 표현한 "이것은 대체 어떤 세계란 말인가?"라는 질문은 비극 혹은 위기에 직면한 우리가 이처럼 비극적인 세계상에 대해 놀라고 한탄하는 데에 그치지 않는다. 그것은 오히려 비극적인 것에 의해 촉발된, 아니, 그것을 통해 우리가 새롭게 감각하게 된 "세계의 구조"를 구성하고 있는 요소들을 객관화하고 이해하며 또한 비판적으로 분석해야 한다는 일종의 제안이 되어 다시 우리에게 돌아온다. "감각을 통해 우리에게 주어진 세계"(34면) 중 하나인 팬데믹하의 이 세계, 그리고 숨 쉬기와 접촉하기가 감염의 위험과 결부되는 현재의 세계는 분명 변화된 세계지만 더 중요한 것은 이 변화한 세계에 대한 우리의 감각이다. 여기서 버틀러는 셸러와 비트겐슈타인을 연결한다. "세계의 한계들이 정의되고 표명되는 양상들에 대한 우리의 이해"(30면)를 변화시키는 것은 새로운 무엇인가가 우리에게 마치 떠오르는 달처럼 '차오르는' 것과 다름없다. 비극적인 것에 의해 점철된 세계를 객관화하여 비판의 장으로 이끌어내고자 했던 셸러와 마찬가지로, 비트겐슈타인 역시 세계에 대한 인식이 달라진 것은 우리의 의지가 아닌, 변화한 세계에 대한 우리의 감각 때문이라고 했다는 것이다. 이처럼 팬데믹에 의해 드러난 변화된 세계, 혹은 우리가 세계에 대해 가지고 있던 감각의 변화는 일종의 새로운 인식과 통찰의 기회가 될 수 있으며, 이 논의는 현상학에 기반하여 활동한 또다른 철학자 메를로퐁티로 이어진다.

메를로퐁티의 저작들을 빌려 버틀러는 무언가를 만지고 있는 '나'라는 상황적 대상은 그 행위에 대한 기술이 가능한 사후적 대상으로, 언제나 만짐 혹은 접촉이라는 행위 이후에 나타날 수밖에 없음을 강조한다. 만진다는 행위가 만지는 이보다 선행할 수밖에 없다면, 무언가를 만지는 나는 유일한 행위자일 수 없고 아울러 "만진다는 바로 그 행위 속에서 만져지는 존재"(66면)이기도 한 것이다. 메를로퐁티는 능동성과 수동성으로 확연하게 구분할 수 없는 이 상황성을 "상호 엮임" 혹은 "상호 얽힘"이라 부른다. 물론 이는 버틀러가 이전 저작들을 통해 여러번 강조한 상호의존성, 관계성과 맞닿는 개념들이다. 나의 행위는 "언제나 나 자신의 것이 아닌 어떤 것과의 관계를 통해"(129면) 규정될 수밖에 없기에, 나의 행위에는 언제나 타인에 대한, 그리고 환경, 동물 등 인간이 아닌 것들에 대한 책임이 따른다. 팬데믹을 "기후변화의 와중에 발생한 전지구적인 상태"(82면)로 자리매김해야만 한다는 버틀러의 주장은 인간이 지구와 맺고 있는 이러한 상호의존성과 관계성에 근거한다.

버틀러는 메를로퐁티를 인용하며 일견 단순해 보이는 접촉의 행위에서 팬데믹 시대 윤리와 정치에 대한 논의로 나아간다. 즉, 유일무이하고 언제나 행위주체인 것만 같은 나의 이 신체가 영향을 주는 것만이 아니라 오히려 실제로는 다른 이들, 다른 객체들, 사물들에 의해 영향을 받는 존재라면, 나라는 존재, 나의 신체, 나라는 개인은 전적으로 독립된 것이 아니며 나 아닌 것들과의 관계에 의해, 혹은 상호 엮임에 의해 규정되고 변화하는 존재인 것이다. 이는 팬데믹 시대에 나의 생명은 곧 너의 생명과, 그리고 기후, 환경, 인간이 아닌 생명체들 등 세계를 구성하고 있는 여러 요소들과 직결되어 있다는 주장으로 이어진다. 이로써 버틀러는 팬데믹이 우리를 "관계적이고 상호적인 존재"로 만들고 "경계지어진 온전한 자아라는 우리의 일반적 감각을 전도시킨다"고 말하고 있다.(26면) 관계성과 상호의존성에 대한 이러한 인식은 팬데믹하 생활 세계의 여러 제약에 대한 우리의 입장에도 영향을 미칠 수밖에 없다. 예를 들어 버틀러는 팬데믹하 거리두기, 격리조치 등 여러 생활의 제약과 제한조치들이 "나 자신의 생명뿐만 아니라 다른 이들의 생명도 보호"(68면)하기 위한 것임을 강조한다. 즉, 팬데믹으로 인한 제약으로 촉발된 공리주의적 경제우선주의 혹은 죽음의 정치와, 역시 팬데믹하에서 자발적으로 구성된 다양한 "지하공동체"를 비롯한 취약한 이들에 대한 돌봄과 배려의 공동체 사이에서 선택을 해야 하는 우리에게 있어 지난 팬데믹은 실로 어떤 "윤리적인 문제들을 제기"(68면)한 것이다.

팬데믹이 윤리의 문제로 이어질 수밖에 없는 이유는 물론 관계적이고 상호적인 우리의 속성 때문이다. 우리가 일상적으로 행하는 만진다는 행위가, 혹은 숨을 들이쉬거나 내쉬는 호흡의 행위가 의도치 않게 타인을 감염시킬 수 있고, 아울러 방역조치를 거부하거나 완화하는 행위들이 노인, 장애인, 면역저하자, 백신을 맞을 수 없는 이들 등 보다 취약한 이들의 생명을 위협할 수 있는 상황에 대해서 버틀러는 "마치 나는 다른 이들에게 해를 끼치거나 그들로부터 피해를 입을 수 있을 가능성을 통해 타자와 연결되어 있는 것만 같다"(70면)고 한다. 이로써 우리는 다시 책임의 문제로 돌아갈 수밖에 없는데, 버틀러는 비극적인 것에서 비롯된 가책의 문제를 제기했던 셸러의 에세이를 재인용하며 이를 "서로에게 책임이 있다는 사실로부터 도래하는 책임감"(49면)으로 규정한다. 개인의 자유, 그리고 '건실한 경제'를 위한다는 미명하에 감염이 폭증하는 상황에서 섣불리 일어난 경제 재개나, 트럼프 전 미국 대통령의 "그냥 바이러스가 빨리 돌게 하라!"(171면)는 몰지각한 요구는 그런 책임의 망각이며, 결국 타인과 우리 환경뿐만 아니라 "자유라는 이름으로 우리 자신의 삶을 위태롭게"(58면) 하는 일이다.

그러나 팬데믹하에서 사람들은 여전히 죽어가고 있었고, 사망한 친지 혹은 지인들을 제대로 애도도 하지 못하고 보내야만 했던 이들의 안타까운 사정은 이런 윤리적인 책무에 대한 주장으로는 포섭할 수 없는 비극이었다. 버틀러가 자신의 초기작인 「비판적으로 퀴어한」과 『안티고네의 주장』에서부터 최근의 『연대하는 신체들과 거리의 정치』와 『비폭력의 힘』에 이르기까지 끊임없이 강조해온 애도 가능성과 애도 불가능성의 차별적 배분을 이 책에서 다시금 강조하고 있는 것은 이와 같이 비탄에 젖은 세계에서 드러난 어떤 정치성 때문이다. 그는 누구의 죽음이 애도 가능하고 누구의 죽음이 그렇지 아니한가라는 정치적인 질문을 팬데믹의 조건들 아래로 끌어온다. 버틀러는 미국을 예로 들어 백인, 유산계급, 기혼인 미국 시민권자의 죽음이 가난하고 퀴어이거나 유색인종인, 혹은 이주노동자인 이의 죽음보다 더 쉽게 애도되며 신문의 부고(訃告) 등을 통해 그 죽음이 공식적으로 기념됨을 확인하고, 애도 가능성이 사회적 불평등과 공모하고 있음을 지적한다. 즉, 후자는 "자신의 생명이 다른 이들에게 중요하지 않다는 확신"을 갖고 살아가는 이들, 달리 말해 "폐기 가능성이라는 감각을 온몸을 통해 느끼며" 사는 이들이다.(156면) 이처럼 세상으로부터 잊히는 애도 불가능한 이들에 대해 버틀러는 "그 사람 스스로가 애도할 수 없는 상실"(157면)이라고 정의한다. 이로써 버틀러는 차별적인 애도 가능성을 단호히 거부하고 그에 저항하는 비폭력 정치 혹은 투쟁의 필요성을 역설한다.

앞서 언급했듯이 팬데믹과 그것이 가져온 변화들은 양가적인 면모를 가지고 있기도 하다. 즉, 팬데믹이 초래한 비극들이 우리의 윤리적 방향성과 상호의존성과 책임에 대한 인식, 그리고 비폭력 정치에 대한 다짐을 요한다면, 팬데믹 상황은 우리들이 새롭고 대안적인 공동체를 실험할 수 있는 계기를 제공해주기도 했다. 버틀러는 팬데믹하에서 "핵가족과 규범적 가족을 넘어서는 친족, 즉 가족 세대원에 한정되지 않는 돌봄의 공동체"(49면)가 조직되거나 공고화되고, 기후변화 문제에 대한 적극적인 대응을 촉구하는 여러 모임이 구성되며, 유색인종 여성, 트랜스 인민 등이 자발적으로 조직한 다양한 돌봄 네트워크가 팬데믹하의 격리와 고립을 넘어서 구축되고, '흑인의 생명도 소중하다'와 '단 한명도 잃을 수 없다!' 운동 같은 제도적 불평등과 착취에 저항하는 운동들이 연대를 통해 세계를

변화시키는 등, 비극적인 세계에 대한 우리의 감각이 비판적·
정치적 움직임으로 변화하는 것에 주목한다. 차별적 애도 불
가능성과 죽음의 정치를 넘어서 모두의 '살 만한 삶'을 실현하
기 위한 다양한 연대의 움직임이 팬데믹하에서도 지속된 것이
다. 이런 연대의 움직임들은 바이러스의 "작용과 전파라는 빠
르고도 보이지 않는 시간성으로부터 유리시키"(32면)는 미디어
상의 도표만으로는 결코 표상할 수 없는 팬데믹의 다른 면모,
즉 "평등과 살 만한 삶에 대한 가능성이 우리 세계 전반에 걸
친 특성"(177면)이 될 수 있도록 사유하고, 반성하고, 연대하고,
저항하는 바로 그 신체들의 집합을 예증한다. 그리하여 우리가
침투 가능하며 경계지어지지 않은 신체의 취약성을 인식하고,
타자와 지구에 대한 자신의 상호의존성과 관계성을 이해하며,
나아가 차별적 애도 가능성에 저항하여 비폭력 정치를 꾀하는
연대하는 신체들이 될 때, 우리는 비로소 팬데믹이 가져온 세
계에 대한 새로운 감각을 살 만한 삶을 위한 인식론적 토대로,
더 나은 세계로의 변화를 가능케 하는 씨앗으로 만드는 변혁
의 연금술사가 될 수 있을 것이다. "우리의 공동과의 관계 안에
서 우리는 살아간다"(180면)는 버틀러의 마지막 문장은 현상에
대한 단순한 기술(記述)이 아니라 자기 이익과 자기중심주의
를 넘어서 전지구적 상호의존성의 윤리를 실천하자는 감동적

인 제안이다.

　마지막으로 이 책을 읽는 데 있어서 한국의 독자들이 한국의 실정에 맞게 비판적으로 수용하거나 보편적 적용을 경계해야 할 필요가 있는 부분들에 대해 간단히 정리하고자 한다. 예를 들어 3장의 비판적 교도소 연구에 관한 통찰은 형법 체계가 촘촘하고, 형벌이 과도할 정도로 강력하며, 인종별 교도소 수감 비율이 크게 차이가 나는 미국에서 중요한 의의가 있다. 그러나 이런 비판적인 시각이 국민 감정과 형벌 집행의 괴리가 그 어느 때보다도 큰 한국에서도 적용 가능할지는 의구심이 들기도 한다. 더하여 흑인이나 갈색 피부 인종 등과 비교할 때 일반적으로 경제적 형편이 나은 동북 및 동남아시아계 미국인이 팬데믹하의 죽음에 영향을 덜 받은 것은 사실이나, 팬데믹 상황하에서 미국 내 아시아인들에 대한 혐오와 혐오 범죄가 폭증한 것에 대해 버틀러가 이 책에서 단 한마디도 하지 않는 것은 매우 아쉬운 점이다. 미국 내 어느 지역에 살고 있느냐에 따라 다르기는 하겠으나, 팬데믹이 정점에 이르던 시기 대학에서 교편을 잡고 있던 선생으로서 옮긴이가 경험한 바로 미국 내 아시아계 학생들이 느끼던 불안함과 공포의 수준은 상상을 초월할 정도였다. 미국을 비롯하여 백인이 다수인 소위 선진국에서 일어나는 아시아계 인구에 대한 폭력이 팬데믹을 아시아

내 특정 국가와 결부시키기 때문에 버틀러가 일부러 아시아인에 대한 논의를 하지 않았을 수도 있다는 추측은 가능하다. 그럼에도 미국에서 이 책이 출간되었을 당시 아시아계 인구에 대한 폭력 문제가 대단히 심각하게 여겨지고 있었다는 점을 고려하면 여전히 안타까움이 남는다.

한편 버틀러의 문체와 글쓰기 방식에 대해서는 이미 오래전부터 논쟁이 있었다. 예를 들어 쉼표(,)와 쌍반점(;) 등을 사용하여 끝도 없이 길어지는 문장(「후기」의 한 문장은 무려 11줄에 걸쳐 쉼표로 이어져 있다)과 일견 명료하지 않은 주장, 그리고 끊임없는 의문문 사용은 버틀러 글쓰기의 특징이다. 옮긴이는 이것이 버틀러 자신도 항변하듯이 특히 미국 내에서 학술적 글쓰기의 모범인 간단명료한 글쓰기에 대한 저항이라는 것에 동의한다. 물론 불완전하게 구성된 문장, 제대로 수정되지 않은 오타 등의 반복까지 수사적 저항의 일환이라고 볼 수는 없을 것이다. 다만 팬데믹 상황에서, 특히 오미크론 변이의 세력이 정점에 이르렀던 시기에 급하게 책을 출간해야 했던 상황을 고려해보면 이런 아쉬운 점들은 충분히 이해가 된다. 서둘러 책을 내야 할 정도로 위급했던 시대상이 반영된 것으로 볼 수 있는 것이다. 삶과 죽음이 교차하는 팬데믹 시기의 절박함은 영문 원고 자체에도 녹아 있고, 그러한 글쓰기를 한국어로 옮기는 작업은 상당한 시간과 노력을 요했다. 하지만 바로 그런 절박함이 있었기에 이 책이 글쓴이, 옮긴이, 그리고 독자의 사유, 반성 및 실천과 운동으로 이어지는 일종의 "수행적" 텍스트가 될 수 있었던 듯하다.

*

철학이나 이론에 대한 지식이 없이 읽기가 다소 어렵고 따라서 상업적인 측면에서 볼 때 출판사에는 크게 매력적인 책이 아님에도, 이 책이 주는 울림과 그 중요성에 공감하여 번역서 출간을 결정하고 지지해준 창비에 깊은 감사의 말을 전한다. 창비 인문교양출판부의 이하림 부서장은 출판인으로서의 유능함과 세심함, 배려를 통해 책의 검토부터 계약, 출간 과정 전반에 걸쳐 큰 도움을 주었다. 역시 창비의 이수빈 편집자는 옮긴이가 간과하거나 놓친 부분을 세심하게 살펴 번역의 질을 한층 끌어올려주었다. 아울러 번역 과정 중에 많은 격려와 여러 도움을 주신 서울대학교 영어영문학과 민은경 선생과 미학과 양효실 선생께도 감사의 말씀을 전한다. 옮긴이는 짧은 번역서 한권의 출간에도 이처럼 수많은 이들의 시간과 노력, 격려, 그리고 정성이 필요하다는 사실을 확인하며 책이라는 하나의 문화 상품 속에 이미 노동과 협력, 배려와 돌봄, 그리고 공동체의 힘이 아로새겨져 있음을 새삼 깨닫게 되었다. 옮긴이는 이 책의 번역에 막 착수했던 2022년 가을에 서울대학교 영어영문학과와 비교문학협동과정의 초청으로 2주간 강연 및 세미나를 진행했다. 당시 만났던 여러 학생들은 옮긴이와 양효실 선생이 공역한『연대하는 신체들과 거리의 정치』를 학교 내외의 공동체 구성원들과 함께 읽으며 연대로서의 퀴어성에 대해서 고민하고 스스로를 정치화할 수 있었다고 말해주었다. 옮긴이가 단행본과 논문 집필, 그리고 강의를 비롯한 학교에서의 다양한 업무에 필요한 시간을 나누고 쪼개어 이 책의 번역에 할애할 수 있었던 것은 바로 그러한 학생들, 그리고 옮긴이가 만나본 적 없는, 그러나 이 책을 통해 이미 끈끈하게 상호 연결되어 있는 미래 독자들 덕분이었다. 앞으로 이 책을 읽고 함께 고민할 학생들과 독자들께 미리 깊은 감사의 말을 전한다.

2023년 5월

옮긴이 씀

찾아보기

지금은 대체 어떤 세계인가

초판 1쇄 발행/2023년 6월 2일
초판 3쇄 발행/2023년 7월 31일

지은이/주디스 버틀러
옮긴이/김웅산
펴낸이/강일우
책임편집/이하림 이수빈
조판/박지현
펴낸곳/(주)창비
등록/1986년 8월 5일 제85호
주소/10881 경기도 파주시 회동길 184
전화/031-955-3333
팩시밀리/영업 031-955-3399 편집 031-955-3400
홈페이지/www.changbi.com
전자우편/human@changbi.com